Biscuits
et petits gâteaux

Biscuits
et petits gâteaux

MARABOUT

Sommaire

Gourmandises au four

Depuis que l'homme a inventé le four, il y a cuit mille et mille choses. Ce livre, pour sa part, s'attache avant tout aux confections à base de farine, telles que pains, gâteaux et pâtisseries, que cette trouvaille géniale a permis de développer.

Filles d'une galette plate et fort sommaire que l'on cuisait jadis sans ajout de levain, ces recettes ont été métamorphosées par la découverte de la fermentation. Sont en premier apparus les pains. Puis, au fur et à mesure que l'on maîtrisait davantage de techniques et que l'on inventait de nouveaux ingrédients comme la levure chimique, d'autres combinaisons ont vu le jour, entre autres les gâteaux. Vint enfin le tour des biscuits et, en dernier lieu, des tartes et pâtisseries, plus élaborées.

En mélangeant de la farine et de l'eau, nos ancêtres ont inventé le pain, qui a été pendant des siècles la base de leur nourriture. Cette recette a, depuis, largement évolué mais ses multiples variantes continuent de faire le bonheur de tous les gourmands tombés amoureux de cette fascinante tradition.

L'équipement de base

Pour les recettes de cet ouvrage, vous devez disposer d'un certain nombre d'ustensiles. Tous ne sont pas indispensables : commencez par quelques éléments de bonne qualité, avant de compléter graduellement votre panoplie.

Balances Électroniques, elles sont très précises. Mécaniques, elles doivent permettre de mesurer des poids aussi infimes que 5 g.

Tasses et cuillères à mesurer Pour les liquides, utilisez un verre gradué. On trouve aussi des tasses à mesurer, d'une contenance de 250 ml. Pour les mesures données en cuillerées, sachez que 1 cuillerée à soupe de liquide équivaut à 20 ml, 1 cuillerée à café à 5 ml. C'est toujours par mesure rase que l'on évalue les ingrédients secs.

Saladiers Mieux vaut en avoir une batterie, en métal comme en verre. En métal inoxydable, ils durent longtemps et se montrent bons conducteurs de la chaleur comme du froid. Les saladiers résistant à la chaleur sont indispensables pour la cuisson au bain-marie.

Mixeurs Les mixeurs et les batteurs électriques jouent un rôle essentiel dans la confection des gâteaux et sont peu coûteux. Vous pouvez aussi investir dans un robot ménager, dont les nombreux accessoires et les diverses fonctions permettent de pétrir la pâte à pain, de battre des œufs en neige, de monter une émulsion ou de travailler pâtes à biscuits et à gâteaux. C'est un appareil coûteux mais un excellent investissement.

Fouets Les fouets en métal sont utiles pour monter les œufs en neige, battre de petites quantités de crème et certains fourrages délicats que risquerait d'abîmer un mixeur électrique. Il en existe de petite ou de grande taille.

Cuillères Les cuillères en bois servent à battre et à mélanger ; elles ne conduisent pas la chaleur et ne risquent pas de rayer les surfaces non adhésives. Les cuillères en métal permettent d'incorporer les ingrédients secs car leur bord franc s'enfonce aisément dans le mélange sans laisser trop d'air échapper.

Spatules Elles permettent de récupérer presque entièrement le contenu d'un saladier. En caoutchouc, elles sont plus souples qu'en plastique, mais risquent davantage d'absorber couleurs et odeurs ; veillez à séparer celles qui servent aux préparations sucrées et salées.

Couteau-palette Ce couteau à fine lame plate terminée par une extrémité arrondie permet de transférer des éléments plats tels que des biscuits de la plaque de cuisson sur la grille de refroidissement, ainsi que d'étaler les glaçages.

Rouleau à pâtisserie Un rouleau de 48 cm environ, en bois, au diamètre de 4 cm, servira à presque tous les usages. Préférez le bois à la céramique ou au marbre car ce matériau retient aisément une fine couche de farine.

Tamis Les grands tamis sont indispensables pour la farine ; de plus petite taille, ils permettent de saupoudrer les gâteaux de sucre glace ou de cacao en poudre (les saupoudroirs, dont l'apparence rappelle celle d'une salière, effectuent les mêmes tâches). Achetez un tamis comportant un rebord, pour le poser sur le saladier.

Pinceaux et roulettes à pâtisserie Munissez-vous d'un pinceau à pâtisserie pour dorer pains et gâteaux ou pour badigeonner les bords avant de les sceller . Si le vôtre comporte des soies en nylon, prenez garde aux liquides trop chauds, qui risquent de les faire fondre. Les roulettes à pâtisserie, en métal ou en plastique, servent à former des rebords dentelés.

Thermomètres à four On les pose ou on les pend dans le four. Lorsque l'on se sert d'un four, il est essentiel de vérifier l'exactitude de la température. Les thermostats intégrés perdent de leur précision au fil du temps.

Plaques de cuisson Les meilleures sont plates avec un très léger rebord par lequel on peut faire glisser aisément les aliments cuits. Achetez-en en métal robuste à répartition thermique égale, sans risque de gondolage. Il vous en faudra deux pour faire cuire des biscuits.

Moules Les pains, gâteaux, pâtisseries et puddings requièrent des moules de taille et de formes différentes. Respectez, quand c'est possible, le modèle indiqué dans la recette : le temps de cuisson en dépend. N'achetez que des moules de qualité.

Moules spéciaux Vous devrez parfois employer des moules spéciaux : ronds pour les pains, à paroi amovible pour certains gâteaux, en couronne, à muffins, etc. (voir p. 15-17).

Grilles de refroidissement Elles ont une forme ronde, carrée ou rectangulaire. Le grillage métallique permet la circulation de l'air, qui accélère le refroidissement.

Saladiers

Achetez un ensemble de saladiers
en métal et en verre. Résistant à la chaleur,
ils sont indispensables pour le bain-marie.

Tasses et cuillères à mesurer

C'est toujours à mesure rase (avec un couteau)
que l'on mesure les ingrédients secs avec ces ustensiles.

Fouets

Les plus grands sont parfaits pour battre les œufs en neige, les plus petits sont utilisés pour confectionner certaines sauces.

Spatules

Elles permettent de récupérer presque entièrement le contenu d'un récipient. Elles sont plus souples en caoutchouc qu'en plastique.

Rouleaux à pâtisserie

Ils doivent être suffisamment larges.
De bonne qualité, ils sont généralement
faits de bois dur soigneusement poli.

Tamis et saupoudroirs

Les plus grands sont utilisés pour tamiser la farine
ou en saupoudrer un plan de travail. Les saupoudroirs sont plus
pratiques pour former les décors en sucre glace ou en cacao.

Roulettes à pâtisserie

Elles donnent des bords dentelés à la pâtisserie.

Pinceaux à pâtisserie

Ils servent à dorer les pâtes à gâteaux et la pâtisserie.

Moules peu profonds

On y fait cuire les biscuits et les brownies.
Le moule à génoise est utilisé
pour former la base des gâteaux roulés.

Plaques de cuisson

Achetez des plaques en métal robuste, qui chauffent
de manière égale et ne risquent pas de gondoler.
Il vous en faudra deux pour confectionner des biscuits.

Moules ronds et carrés

Les pains, gâteaux, biscuits et pâtisseries requièrent
des moules de tailles et de formes différentes.
Respectez si possible les indications de la recette
car le temps de cuisson en dépend.

Moules à cake

Ils sont aussi utilisés pour la cuisson des pains
et des quatre-quarts. Veillez à ce qu'ils soient
soigneusement soudés aux angles.

Moules à charnière

Ils servent à la cuisson des gâteaux délicats à démouler. Grâce à son mécanisme d'ouverture, la paroi verticale du moule se désolidarise de la base.

Moules à tartelettes

Ces petits moules à bord cannelé comportent souvent une base amovible qui facilite le démoulage.

Moule à baba

C'est un moule cannelé à base ronde
comportant un entonnoir central ;
il en existe de diverses tailles.

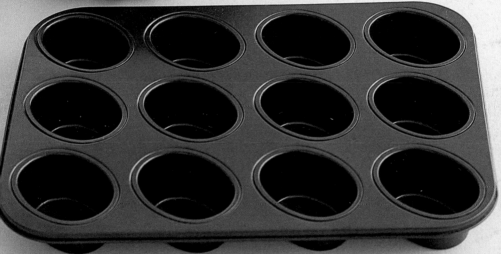

Plaque à muffins

On trouve des plaques à muffins de différentes tailles,
comportant généralement 6 ou 12 alvéoles.

Les pains
et les muffins

Aux origines

La panification, qui est vieille de plus de 8 000 ans, est originaire des plaines fertiles de l'Iran, de l'Irak, de la Syrie et de l'Égypte. Les habitants des bords des fleuves confectionnaient, avec des céréales trempées, un gruau épais qu'ils étalaient alors en galettes pour les faire cuire sur des pierres chauffées. Ils se sont rapidement aperçus que, s'ils exposaient à l'air cette préparation, de petites particules de levure naturelle en entraînaient la fermentation. Cette pâte une fois cuite donnait alors une galette à la texture plus légère et au goût délicieusement aigre : tels furent les premiers pains de l'Histoire. Les anciens Égyptiens établirent des fours consacrés à cette activité et furent les premiers à employer des boulangers professionnels. Le blé étant relativement rare, on usait d'autres céréales, telles que l'orge ou le seigle, lesquels donnaient des pains plus denses et plus noirs. Par la suite, les Romains, lancés dans la meunerie à grande échelle, produisirent des farines plus fines. Ils créèrent de même des guildes professionnelles, chargées de transmettre ce métier. L'Europe hérita de ces processus et, pendant des siècles, les méthodes varièrent très peu.

Le pain aujourd'hui

On aromatise aujourd'hui de mille maniè-res le pain, qui est composé de divers types de farines et enfourné dans des moules ou façonné grossièrement à la main. Autrefois, le pain blanc était réservé aux classes aisées et on l'estimait infiniment supérieur au pain complet, tout juste bon pour les paysans ; aujourd'hui, la mode tend à favoriser les pains plus denses et moins raffinés.

On se sert de levure commerciale (soit fraîche, soit sèche) pour confectionner le pain, mais on emploie aussi des agents levants chimiques tels que le bicarbonate de soude. La levure sert à faire lever les différents types de pâtes, qu'il s'agisse d'une simple miche ou d'un fond de pizza.

On enrichit parfois aussi la pâte d'œuf et de beurre, on l'édulcore au sucre ou au miel, on la parfume avec du chocolat, des herbes, des épices, des noix, des graines…

Des recettes dérivées, comme les brioches et les muffins, demandent très peu de pré-paration. Faisant appel à des agents levants chimiques, comme la levure alsacienne ou le bicarbonate de soude, ces pâtes sont mises au four sitôt qu'elles sont prêtes.

Il n'est pas nécessaire de les laisser lever et on peut les déguster rapidement. Leurs for-mes sont aussi variées : les pâtes fermes sont moulées, les plus molles roulées ou découpées. Certaines cuisent dans un moule (ou dans des moules individuels), d'autres directement sur la plaque de cuis-son. Ce type de confection s'aromatise et s'enrichit de la même manière que les pains à levure.

D'un bout à l'autre du monde, le pain, sym-bole de la nourriture, se consomme à tout moment de la journée. Rien ne surpasse une bonne miche fraîchement sortie du four, avec sa croûte dorée et sa mie aérien-ne au merveilleux arôme. Tartiné de beur-re avant d'avoir eu le temps de refroidir, utilisé pour un sandwich ou pour accom-pagner un plat en sauce, un plateau de fromages, voire dégusté nature, le pain est un aliment essentiel.

Les ingrédients

La farine fournit sa structure au pain ; les agents levants aèrent la pâte et lui donnent son aspect spécifique ; le sel équilibre les goûts et permet de contrôler l'aération ; le liquide lie les ingrédients. D'autres éléments y sont éventuellement ajoutés pour améliorer goût et texture.

Farine de blé

C'est le blé qui s'emploie avant tout en boulangerie. Son contenu plus protéinique que d'autres farines en fait la meilleure farine pour les pains levés. Le grain de blé se compose de trois parties : le son, le germe et l'endosperme. Selon leur composition, les farines renferment des pourcentages variables de chacun de ces éléments.

Farine de froment à pain Elle est tirée de l'endosperme, au contenu protéinique important. Ses protéines mises en contact avec un liquide durant le pétrissage produisent du gluten, un réseau élastique de filaments qui retiennent prisonnier le dioxyde de carbone libéré par la fermentation de la levure (ce sont ces gaz qui font lever le pain). On trouve ce type de farine dans la plupart des supermarchés et dans les boutiques de diététique. Si vous ne pouvez vous en procurer, remplacez-la par de la farine ménagère non blanchie.

Farine ménagère S'emploie dans les pâtes faisant appel pour lever à la levure chimique ou au bicarbonate de soude. Elle contient moins de gluten que la farine de froment à pain.

Farine à levure incorporée Il s'agit de farine ordinaire comportant un agent levant et du sel. Elle ne convient pas à la fabrication du pain.

Farine complète Elle s'obtient du grain entier. Elle confère une saveur de noisette et une texture plus dense au pain. On l'emploie souvent avec de la farine à pain.

Semoule Elle est composée de blé dur et s'emploie en combinaison avec la farine à pain blanc. Elle ajoute texture et saveur au pain.

Son Il s'agit de l'enveloppe extérieure, fibreuse et dure, du blé. Elle figure dans certaines pâtes, par exemple pour les muffins, dont elle renforce la texture.

Autres farines

Toutes les autres farines employées en panification sont mélangées avec de la farine à pain ou de la farine ordinaire, pour produire un goût et une texture distinctifs.

Farine de seigle Elle est populaire dans de nombreux pays de l'Europe du Nord et de la Scandinavie, où elle constitue le principal type de céréales. Elle donne un pain plus sombre et plus dense, à l'agréable saveur de terre quand on la combine avec de la farine a pain.

Avoine On la moud habituellement de manière plus grossière que les autres céréales. Disponible en différentes moutures, elle confère texture et saveur au pain.

Polenta (farine de maïs) Il s'agit d'une farine obtenue à partir du maïs. Elle ajoute au pain une texture croustillante et une délicieuse saveur de noisette. On l'emploie parfois seule dans certaines pâtes mais, dans les pains levés, elle est toujours combinée à la farine à pain.

Agents levants

Les pains lèvent sous l'action de la levure ou d'un agent levant chimique. La levure est un champignon à cellule unique, qui fait gonfler le pain en se nourrissant des sucres naturels présents dans la farine. Une fois mélangée à cette dernière avec du liquide, elle produit du dioxyde de carbone et de l'alcool : ce procédé a pour nom fermentation. Pendant la cuisson de la pâte, ce gaz se dilate, ce qui donne au pain sa texture caractéristique, de même que sa saveur et sa légèreté.

Levure Elle existe sous trois formes : fraîche, lyophilisée et lyophilisée instantanée. Les deux premiers types doivent être dissous dans un liquide avant leur incorporation à la farine. La levure instantanée connaît de plus nombreux usages car on

peut l'intégrer directement à la farine sans la dissoudre au préalable. C'est elle qui figure dans toutes les recettes de pains levés de cet ouvrage.

Levure chimique et bicarbonate de soude Il s'agit de deux agents levants chimiques, en usage dans les pâtes simples. Dès qu'ils sont mélangés à un liquide, ils produisent du dioxyde de carbone. La pâte doit être mise à cuire sans attendre, au risque de voir les gaz s'évaporer. La levure chimique est composée de bicarbonate de soude, de crème de tartre et d'amidon de maïs. Pour son activation, le bicarbonate de soude a besoin d'un acide tel que le babeurre, le yaourt, le fromage blanc, le vinaigre ou le jus de citron.

Sel

Le sel est essentiel à la saveur du pain. Il aide de même à resserrer le réseau élastique des filaments de gluten (qui retiennent prisonnier le dioxyde de carbone libéré par la fermentation de la levure), améliorant ainsi le volume de la miche finale.

Liquides

Eau Dans les pains, elle lie les ingrédients et ajoute de l'humidité. Dans les pains levés, on la réchauffe au préalable pour activer la levure. Quand l'eau est trop froide, la levure ne s'active pas entièrement ; trop chaude en revanche, elle tue la levure. La température idéale se situe entre 42 et 48 °C. Elle doit donc être tiède au toucher.

Lait Il s'emploie parfois dans les pains et, comme l'eau, doit être chauffé au préalable. Il adoucit la pâte et renforce légèrement la couleur de la croûte.

Babeurre ou yaourt On emploie parfois ces ingrédients pour donner au pain une saveur légèrement aigre.

Et aussi...

Édulcorants On ajoute souvent du sucre pour renforcer l'activité de la levure, particulièrement quand le pain se compose d'une farine plus lourde (farine de blé complète ou farine de seigle). On peut employer tout type de sucre, y compris le miel, le sirop d'érable et le sirop de glucose.

Corps gras Les corps gras tels que le beurre ou l'huile attendrissent la pâte et rendent sa croûte moelleuse et dorée. Les pains qui en comportent un grand pourcentage auront une texture proche de celle d'un gâteau. Les corps gras ralentissant l'action de la levure, les préparations qui en comportent de grandes quantités mettront plus de temps à lever.

Œufs Ils enrichissent la pâte et donnent des pains plus légers et plus dorés. Leur humidité renforce celle du résultat final, alors que leurs graisses attendrissent la pâte, pour une croûte plus moelleuse.

Autres ingrédients Pour renforcer ou modifier la saveur d'un pain, on y ajoute des noix, des fruits secs, du chocolat, des olives, des herbes, des épices, du fromage ou même des légumes, entre autres.

Préparer la pâte

Pour réussir la pâte à pain, il est indispensable de bien préparer la levure et de réussir parfaitement le pétrissage. Voici quelques conseils simples qui vous aideront à façonner une miche bien levée et cuite à la perfection.

Incorporer la levure

On confectionne les pains avec de la levure instantanée de deux manières : soit on la mélange au préalable à un liquide tiède, puis on la laisse mousser, soit on l'incorpore directement à la farine avant de pétrir.

Activation de la levure Émiettez la levure sèche, puis mélangez-la avec le sucre (facultatif) et le liquide tiède dans un saladier. Remuez pour dissoudre, puis réservez 10 minutes à l'abri des courants d'air, jusqu'à ce que le mélange commence à mousser. Si vous confectionnez le pain dans un robot électrique doté d'une pale à pâte (cette dernière facilite le processus du pétrissage), versez la farine et le sel dans le bol de l'appareil. Ajoutez la levure activée. Avec le niveau de vitesse le plus faible du robot, mélangez les ingrédients 2 minutes environ, jusqu'à ce qu'une pâte molle se forme. Passez ensuite sur la vitesse moyenne et pétrissez la pâte 6 à 8 minutes avec la pale à pâte : vous devez obtenir une boule lisse, luisante et élastique (quand on y presse un doigt, elle reprend immédiatement sa forme).

Pour confectionner le pain à la main, versez la farine et le sel dans un grand saladier et creusez un puits. Versez la levure activée, puis travaillez les ingrédients à la cuillère en bois pour obtenir une masse collante. Formez une boule et déposez-la sur une surface de travail légèrement farinée. Pétrissez-la 10 minutes, jusqu'à ce que la pâte soit lisse et élastique. Servez-vous de la partie charnue de votre paume pour repousser la pâte dans la direction opposée à la vôtre puis, lui ayant imprimé une rotation de 45°, ramenez-la vers le centre. Répétez l'opération jusqu'à ce que la pâte soit lisse, luisante et élastique.

Incorporation directe Versez la farine et le sel dans le bol d'un robot électrique, ajoutez la levure instantanée et le sucre (si vous vous en servez), puis le liquide tiédi. L'appareil étant réglé sur sa vitesse la plus faible, travaillez pendant 2 minutes jusqu'à ce que la pâte se forme. Passez alors à la vitesse moyenne et continuez de pétrir pendant 6 à 8 minutes, jusqu'à ce que la pâte soit lisse, luisante et élastique.

Laisser reposer

Ramassez la pâte en boule et placez-la dans un saladier légèrement huilé. Retournez-la plusieurs fois pour l'enduire d'huile sur toutes ses faces. Couvrez et laissez lever 1 à 2 heures à l'abri des courants d'air, jusqu'à ce que la pâte ait doublé de volume.

La température ambiante d'une pièce est idéale pour faire lever une pâte, de préférence à un endroit trop chaud : le pain aura un meilleur goût. Vous pouvez aussi la laisser lever toute la nuit au réfrigérateur ; le froid ne va pas tuer la levure mais en retarder simplement l'effet. Si vous optez pour cette solution, laissez alors la pâte revenir à température ambiante en la sortant 2 heures avant de lui donner sa forme et de la faire cuire.

Aplatir la pâte

Pour aplatir la pâte, pressez-la délicatement avec le poing (pour en faire échapper l'air) avant de la retourner sur une surface de travail légèrement farinée. Pour confectionner des petits pains, découpez la pâte en portions égales, en vous aidant d'un couteau. Façonnez les pains à votre guise. Pour la cuisson, vous pouvez tasser la pâte dans un moule ou former un pain sur une plaque farinée.

Mettre en forme

Dans un moule Huilez ou beurrez légèrement les parois et la base du moule. Donnez à la pâte la forme d'un ovale aux mêmes dimensions que le moule et déposez-la délicatement dans ce dernier. Couvrez d'un linge propre et humide et laissez lever une seconde fois, jusqu'à ce que la pâte atteigne le haut du moule, ce qui prendra de 30 à 45 minutes.

Sur une plaque Huilez et/ou farinez légèrement une plaque de cuisson. Donnez à la pâte la forme spécifiée et déposez-la sur la plaque. Couvrez d'un linge humide et propre et laissez lever une seconde fois jusqu'à ce qu'elle ait doublé de volume (30 à 45 minutes).

Si la recette demande d'inciser la pâte, entaillez-la délicatement avec un couteau tranchant, sans tirer ni distendre la pâte. Ces entailles ne sont pas seulement décoratives : elles permettent l'expansion du pain durant sa cuisson.

Dorer le pain

Certaines recettes exigent de dorer la pâte. Selon les ingrédients utilisés, on obtiendra des effets différents. Un mélange de jaune d'œuf battu et de lait donne une croûte luisante et dorée. Le beurre fondu produit une croûte plus molle, alors que l'eau la rend croustillante (pulvérisez l'eau à l'atomiseur sur la surface de la pâte). On saupoudre parfois les pains de farine pour leur donner un aspect rustique et une croûte plus élastique.

Pour étaler la dorure, badigeonnez-en délicatement la surface du pain avec un pinceau. Évitez d'en placer sur les parois ou le bord du moule ou de la plaque, car la pâte risque alors de coller, puis de se déchirer pendant qu'elle lève.

Astuces

Pains levés

■ Quand vous ajoutez de l'eau à la levure (ou à un mélange de levure et de farine), veillez à ce qu'elle soit chaude à votre main. Ne vous servez pas d'eau que vous ne puissiez toucher (vous risqueriez de « tuer » la levure).

■ Si vous faites dissoudre d'abord la levure dans le liquide, laissez-la dans un endroit tiède pendant 10 minutes au moins, jusqu'à ce qu'elle mousse abondamment. Si la mousse n'apparaît pas, c'est que la levure est « morte » : vous devez recommencer l'opération avec une levure plus fraîche.

■ Si vous mélangez la pâte à la main, servez-vous d'une cuillère en bois pour amalgamer les ingrédients. Aux premiers instants de sa formation, la pâte paraîtra collante. Si elle est trop sèche, ajoutez un peu d'eau, 1 cuillerée à soupe à la fois.

■ Si vous vous servez d'un robot électrique, utilisez toujours la pale à pâte, sauf en cas d'indication contraire. Placez le bol du robot loin du bord du plan de travail car les vibrations vont le faire glisser durant le pétrissage.

■ Commencez toujours à travailler avec la vitesse la plus faible de l'appareil pour former la pâte, avant de l'augmenter pour la pétrir.

■ Quand vous laissez lever la pâte, placez-la dans un saladier au moins deux fois plus grand qu'elle, pour qu'elle puisse gonfler à l'aise.

■ Huilez légèrement le saladier, puis la surface de la pâte avant de la laisser lever. La pâte doit être couverte d'un film alimentaire pour prévenir la formation d'une peau qui gênerait son expansion.

■ Pour vérifier qu'une pâte a suffisamment levé, pressez un doigt sur sa surface. Son empreinte devrait y demeurer.

■ Les courants d'air gênent l'expansion de la pâte, qui doit donc en être protégée. La pâte lèvera trop rapidement si la pièce est trop chaude, ce qui donnera un goût désagréable au pain. Si cela se produit, aplatissez la pâte et laissez-la lever de nouveau dans un endroit frais pendant 1 heure au moins, pour développer les saveurs.

■ Farinez légèrement la surface de travail avant de donner sa forme à la pâte.

■ Si vous placez la pâte pendant la nuit au réfrigérateur, laissez-la revenir à température ambiante pour la faire lever à nouveau. L'opération prendra de 45 à 60 minutes.

■ Graissez à l'huile ou au beurre fondu votre moule. Les plaques de cuisson doivent elles aussi être légèrement huilées ou farinées.

■ Quand vous pressez une pâte dans un moule, sa surface doit être à 2,5 cm en dessous du bord supérieur du moule. Une fois la pâte levée, son centre doit dépasser de 2,5 cm ce rebord. Elle est alors prête à être enfournée.

■ N'ouvrez jamais la porte du four pendant la première moitié de la cuisson, au risque de voir le pain s'effondrer. Si vous devez le retourner pour lui donner une coloration égale, ne le faites qu'après la première moitié de la cuisson.

■ Pour vérifier qu'un pain est cuit, retirez-le délicatement de la plaque ou du moule et tapotez-en le fond : le son doit être creux. Si tel n'est pas le cas, remettez-le 5 minutes au four.

■ Gardez le pain dans un sac de papier ou en tissu pendant 24 heures et mettez-le dans un endroit frais. Ne le réfrigérez pas car vous accéléreriez son vieillissement. Pour conserver le pain plus longtemps, placez-le dans un sac alimentaire ou un sac de congélation avec fermeture.

■ Pour congeler le pain, enveloppez-le de film alimentaire avant de le glisser dans un sac à congélation. Décongelez-le à température ambiante avant de vous en servir. De la sorte, il conservera plus longuement sa fraîcheur.

Pâtes simples

■ Pesez toujours soigneusement les ingrédients avant de les mélanger.

■ Beurrez les moules et chemisez-les de papier sulfurisé (si nécessaire) avant d'entreprendre la confection de la pâte.

■ Enfournez toujours les pâtes simples dès que possible après leur préparation.

Pain blanc

Pour 1 pain

7 g de levure de boulanger (sèche)
1 c. à s. de sucre en poudre
450 g de farine à pain

1 Mélangez la levure, le sucre et 150 ml d'eau tiède dans un récipient. Remuez, puis laissez reposer 10 minutes à l'abri des courants d'air, jusqu'à ce que le mélange commence à mousser.

2 Dans le bol d'un robot électrique doté d'une pale à pâte, incorporez à la farine 2 cuillerées à café de sel et creusez un puits au centre. Ajoutez à la levure diluée 150 ml d'eau tiède, puis versez le tout dans le puits. Actionnez le robot pendant 2 minutes sur sa vitesse la plus faible, jusqu'à ce que la pâte se forme, puis passez à la vitesse moyenne et pétrissez 10 minutes environ pour obtenir une pâte lisse et élastique. Une autre méthode consiste à mélanger la pâte avec une cuillère en bois, puis à la pétrir 10 minutes sur un plan de travail fariné.

3 Retournez la pâte plusieurs fois dans un saladier huilé, puis couvrez-la et laissez-la lever 1 heure au moins dans un endroit chaud, à l'abri des courants d'air ; elle doit doubler de volume.

4 Aplatissez la pâte avec le poing, puis retournez-la sur un plan de travail légèrement fariné. Formez une miche ovale et placez-la sur une plaque de cuisson huilée. Couvrez d'un linge humide et laissez gonfler 30 minutes. Préchauffez le four à 190 °C.

5 Formez sur la miche 3 entailles en biais à 4 cm de distance. Faites cuire le pain 40 minutes. Mettez-le à refroidir sur une grille.

PRATIQUE Ce pain ne se garde pas plus de 24 heures (il rassit assez vite). Au-delà, vous pouvez le faire griller, ou encore le congeler 3 mois.

Anneaux finlandais à la cardamone

Pour 16 anneaux

12 g de levure de boulanger (sèche)
115 g de sucre en poudre
200 ml de lait condensé
2 œufs légèrement battus
80 g de farine de blé complète
500 g de farine à pain
1 $^1/_2$ c. à s. de cardamome moulue
50 g de beurre doux ramolli

Pour dorer
1 œuf
60 ml de lait

Mélangez la levure, le sucre et l'eau. Laissez reposer à l'abri des courants d'air.

Ajoutez le reste de farine et pétrissez les ingrédients avec la pale à pâte.

1 Mélangez la levure, 1 cuillerée à café de sucre et 125 ml d'eau tiède dans un petit saladier. Remuez, puis placez à l'abri des courants d'air pendant 10 minutes, jusqu'à ce que la levure mousse.

2 Mélangez soigneusement le lait et les œufs dans un autre récipient.

3 Versez la farine complète, 250 g de farine à pain, la cardamome, le reste du sucre et 1 1/2 cuillerée à café de sel dans le bol d'un robot ménager muni d'une pale à pâte. Creusez un puits au centre. Versez-y la levure et le mélange au œufs. Actionnez le robot sur sa vitesse la plus faible pendant 1 minute, jusqu'à ce que la pâte se forme. Ajoutez le beurre sans cesser de mélanger, puis incorporez le reste de farine, par quantité de 60 g. Pétrissez pendant 10 minutes, jusqu'à ce que la pâte soit lisse et élastique (elle sera très molle).

4 Huilez un grand saladier, déposez-y la pâte et retournez-la plusieurs fois pour la napper d'huile. Couvrez d'un film alimentaire et laissez lever 1 heure à 1 h 30 à l'abri des courants d'air : elle doit doubler de volume.

5 Aplatissez la pâte avec le poing, puis retournez-la sur une surface de travail farinée. Divisez-la en 16 portions égales, puis roulez-les en 16 boudins de 25 cm de longueur. Soudez-en les extrémités pour former un anneau. Placez les anneaux sur 2 plaques de cuisson légèrement huilées. Couvrez d'un linge humide et laissez gonfler pendant 45 minutes, jusqu'à ce qu'ils aient doublé de volume. Dans l'intervalle, préchauffez le four à 180 °C.

6 Pour la dorure, fouettez l'œuf et le lait, puis badigeonnez-en les anneaux. Faites cuire 18 à 20 minutes au four, jusqu'à ce que la croûte soit dorée.

Brioches italiennes

Pour 12 brioches

90 g de raisins secs
3 c. à s. de levure de boulanger (sèche)
195 g de sucre en poudre
400 g de farine à pain
1 c. à s. d'essence d'amandes
1 c. à s. d'huile d'olive
le zeste finement râpé de 1 orange
40 g d'écorces d'agrumes confites
40 g de pignons de pin
1 œuf légèrement battu

1 Laissez gonfler les raisins secs 20 minutes dans 250 ml d'eau bouillante. Égouttez-les en réservant le liquide. Versez la moitié de ce liquide dans un saladier, ajoutez la levure, 1 pincée de sucre et 30 g de farine. Mélangez, puis laissez reposer 10 minutes à l'abri des courants d'air.

2 Tamisez le reste de farine, 80 g de sucre et 1 cuillerée à café de sel dans le bol d'un robot ménager muni d'une pale à pâte ; creusez un puits au centre. Mélangez dans un bol le reste du liquide réservé, l'essence d'amandes et l'huile, puis versez le tout dans le puits, avec la levure. Incorporez les raisins, le zeste d'orange, les écorces confites (coupées en petits morceaux) et les pignons de pin. Actionnez le robot sur sa vitesse la plus faible jusqu'à ce que la pâte se forme. Passez à la vitesse moyenne et pétrissez pendant 5 minutes pour obtenir une pâte lisse et élastique, en ajoutant un peu de farine si nécessaire. Une autre méthode consiste à mélanger la pâte avec une cuillère en bois, puis à la pétrir pendant 5 minutes sur une surface de travail farinée.

3 Huilez un grand saladier, roulez-y la boule de pâte, puis couvrez-la d'un film alimentaire et laissez lever 2 heures à l'abri des courants d'air, jusqu'à ce qu'elle ait doublé de volume.

4 Aplatissez la pâte avec le poing, puis retournez-la sur une surface de travail légèrement farinée. Divisez-la en 12 portions égales et donnez à chacune d'elles la forme d'un ovale. Dorez ces brioches à l'œuf battu, puis roulez-les dans le sucre restant. Placez-les sur une plaque de cuisson huilée et laissez reposer 30 à 40 minutes (elles vont gonfler légèrement, sans doubler de volume). Préchauffez le four à 200 °C.

5 Enfournez les brioches pendant 15 minutes, jusqu'à ce qu'elles soient dorées. Laissez-les refroidir sur une grille.

Pain au safran et aux raisins

Pour 1 couronne

110 g de raisins de Corinthe
2 c. à s. de rhum
60 ml de lait
1 pincée de filaments de safran
1 c. à s. de levure de boulanger (sèche)
115 g de sucre en poudre
125 g de beurre doux ramolli
3 œufs
25 g d'amandes en poudre
le zeste râpé de 1 orange
375 g de farine ménagère
du sucre glace

1 Laissez gonfler les raisins de Corinthe dans le rhum pendant 30 minutes. Faites chauffer le lait dans une petite casserole jusqu'à ce qu'il atteigne l'ébullition, puis retirez-le du feu. Ajoutez-y le safran et laissez infuser 20 minutes.

2 Mélangez la levure, 1 pincée de sucre et 60 ml d'eau tiède dans un petit saladier. Laissez reposer 10 minutes à l'abri des courants d'air, jusqu'à ce que la préparation mousse. Huilez un moule à baba de 25 cm de diamètre.

3 Travaillez en crème le beurre et le reste du sucre au fouet électrique. Ajoutez les œufs un à un, en mélangeant bien. Incorporez 1/2 cuillerée à café de sel, le lait au safran et la levure, puis les amandes en poudre, le zeste d'orange et les raisins de Corinthe avec le rhum. Fouettez légèrement. Versez la farine en petites quantités (60 g à la fois), puis pétrissez encore 5 minutes, jusqu'à ce que la pâte soit luisante et élastique (elle sera molle).

4 Transférez-la dans le moule et couvrez d'un film alimentaire. Laissez lever 1 h 30 à 2 heures à l'abri des courants d'air pour qu'elle double de volume. Préchauffez le four à 180 °C.

5 Faites cuire le pain 35 à 40 minutes au four, jusqu'à ce qu'il soit doré. Une brochette enfoncée au centre doit ressortir propre. Laissez-le reposer 10 minutes avant de le démouler sur une grille. Saupoudrez de sucre glace avant de servir.

Scones aux raisins

Pour 12 scones

375 g de farine ménagère
1/2 c. à c. de levure chimique
1 c. à s. de quatre-épices
2 c. à c. de sucre en poudre
+ 1 c. à s. pour saupoudrer les scones
50 g de beurre doux très froid
coupé en dés
150 ml de crème liquide
150 ml de lait + 50 ml
pour dorer les scones
125 g de raisins de Corinthe

1 Préchauffez le four à 220 °C. Huilez légèrement une plaque de cuisson.

2 Tamisez la farine, la levure, le quatre-épices et le sucre dans un saladier. Du bout des doigts, incorporez-y le beurre jusqu'à ce que le mélange ressemble à de la chapelure. Ajoutez la crème, le lait et les raisins, puis mélangez à la spatule pour obtenir une pâte lisse (si elle est trop collante, augmentez légèrement la quantité de farine).

3 Farinez vos mains pour ramasser la pâte en boule sur le plan de travail, puis abaissez-la à une épaisseur de 2 cm. Avec une roulette à pâtisserie, découpez-la en disques de 6 cm de diamètre.

4 Disposez les scones sur la plaque de cuisson, badigeonnez-les de lait et saupoudrez-les du reste de sucre. Enfournez 10 à 12 minutes jusqu'à ce qu'ils soient dorés. Transférez-les sur une grille recouverte d'un torchon propre. Servez-les tièdes.

PRATIQUE Évitez de trop travailler la pâte car elle risquerait de durcir à la cuisson. Servez ces scones avec de la crème fraîche et de la confiture.

Fougasses à l'anis

Pour 8 fougasses

1 1/2 c. à c. de levure de boulanger
(sèche)
2 pincées de sucre en poudre
20 cl de lait chaud
2 c. à s. de graines d'anis
450 g de farine ménagère
du lait pour dorer les pains

1 Mélangez la levure, le sucre et 125 ml d'eau tiède dans un récipient. Laissez ensuite reposer 10 minutes à l'abri des courants d'air, jusqu'à ce que le mélange mousse. Pendant ce temps, faites tremper les graines d'anis dans le lait chaud.

2 Versez la levure dans le bol d'un robot. Ajoutez 135 ml d'eau tiède, le lait avec les graines d'anis, 1 pincée de sel et la farine. Fouettez 7 minutes à vitesse lente pour obtenir une pâte lisse et élastique (elle sera très molle). Couvrez d'un linge humide et laissez reposer 1 h 30 à 2 heures à l'abri des courants d'air ; la pâte va doubler de volume.

3 Transférez la pâte sur un plan de travail fariné, aplatissez-la avec le poing et divisez-la en 8 morceaux égaux. Aplatissez chaque pâton à l'aide d'un rouleau légèrement fariné pour obtenir des pains plats de forme ovale, d'environ 18 x 9 cm. Formez dans chaque pain des ouvertures triangulaires, en travaillant avec un couteau pointu et en prenant soin de ne pas trop tirer sur la pâte. Disposez les fougasses sur 2 plaques de cuisson légèrement huilées, badigeonnez-les avec un peu de lait, puis couvrez-les d'un linge humide. Laissez reposer 20 à 25 minutes pour que la pâte gonfle légèrement. Préchauffez le four à 200 °C.

4 Glissez les plaques au four et laissez cuire les fougasses 20 minutes environ, jusqu'à ce qu'elles soient dorées et croustillantes. Laissez-les refroidir sur une grille.

Bûchettes aux pépites de chocolat

Pour 2 bûchettes

2 $1/2$ c. à c. de levure de boulanger (sèche)
55 g de sucre en poudre
90 g de chocolat noir grossièrement haché
50 g de beurre doux
375 g de farine à pain
30 g de cacao en poudre non sucré
1 œuf légèrement battu
$1/2$ c. à c. d'extrait naturel de vanille
30 g de pépites de chocolat noir

Faites fondre le chocolat et le beurre
au bain-marie.

Répartissez les pépites sur la pâte,
puis roulez-la pour former une bûche.

1 Mélangez dans un récipient la levure, 1 pincée de sucre et 185 ml d'eau tiède. Laissez reposer 10 minutes à l'abri des courants d'air, jusqu'à ce que le mélange mousse.

2 Mettez le chocolat et le beurre dans un saladier résistant à la chaleur. Faites fondre au bain-marie, au-dessus d'une casserole d'eau frémissante, en remuant fréquemment. La base du saladier ne doit pas toucher l'eau.

3 Mélangez la farine, le cacao, 1 pincée de sel et le reste du sucre dans le bol d'un robot muni de sa pale à pâte. Incorporez au chocolat fondu l'œuf et la vanille avant de verser ce mélange ainsi que la levure dans le bol du robot. Faites tourner le fouet 1 à 2 minutes sur sa vitesse la plus basse, puis passez à la vitesse moyenne et pétrissez pendant 10 minutes, jusqu'à ce que la pâte soit lisse et élastique. Une autre méthode consiste à travailler la pâte à l'aide d'une cuillère en bois, avant de la retourner sur une surface de travail farinée pour la pétrir 10 minutes à la main.

4 Ramassez la pâte en boule et mettez-la dans un grand saladier huilé. Couvrez d'un linge humide et laissez lever 1 h 30 à 2 heures à l'abri des courants d'air, jusqu'à ce qu'elle ait doublé de volume.

5 Aplatissez la pâte avec le poing, puis retournez-la sur le plan de travail fariné. Divisez-la en deux. Abaissez chaque moitié à une épaisseur de 1 cm, puis répartissez dessus les pépites de chocolat. Formez 2 bûchettes et placez-les sur une plaque de cuisson huilée. Couvrez d'un linge humide et laissez lever 1 heure ; elles doivent doubler de volume. Préchauffez le four à 180 °C.

6 Enfournez 45 à 50 minutes, jusqu'à ce que les bûchettes soient légèrement brunes et cuites à point. Mettez-les à refroidir sur une grille.

PRATIQUE Ces pains sont peu sucrés. Pour les servir, coupez-les en tranches larges. Vous pouvez faire griller ces dernières et les accompagner de mascarpone sucré.

Pain aux fruits secs

Pour 1 pain

500 g de fruits secs mélangés
185 ml de thé noir chaud et fort
125 g de cassonade
1 œuf légèrement battu
125 g de farine ménagère
3/4 de c. à c. de levure chimique
1 c. à c. de cannelle moulue
1 pincée de noix de muscade moulue
1 pincée de clous de girofle moulus

1 Faites tremper les fruits secs dans le thé chaud, couvrez d'un film alimentaire et laissez reposer 3 heures au moins.

2 Préchauffez le four à 160 °C. Huilez légèrement un moule à cake de 25 x 11 cm. Chemisez le fond de papier sulfurisé ; farinez les parois.

3 Mélangez l'œuf et le sucre avec les fruits secs, sans les égoutter. Tamisez la farine, la levure et les épices dans un saladier avant d'incorporer la préparation aux fruits. Remuez.

4 Répartissez le mélange dans le moule en le tassant bien et faites-le cuire 1 h 35 au four. À mi-cuisson, couvrez le pain d'une feuille d'aluminium si le dessus brunit trop vite. Pour vérifier s'il est cuit, plongez au centre une brochette en métal : elle doit ressortir sèche. Laissez refroidir dans le moule. Servez ce pain en tranches et dégustez-le nature ou avec du beurre.

PRATIQUE Vous pourrez conserver ce pain 1 semaine dans un endroit frais en l'enveloppant dans du papier d'aluminium. Il se gardera 8 semaines au congélateur.

Rouleaux au citron

Pour 10 rouleaux

1 c. à c. de levure de boulanger (sèche)
1 c. à c. de sucre en poudre
3 c. à s. d'huile végétale
335 g de farine à pain
90 g de lemon-curd
60 g de cassonade

1 Mélangez la levure, le sucre et 250 ml d'eau tiède dans un saladier. Remuez, puis laissez reposer 10 minutes à l'abri des courants d'air, jusqu'à ce que la levure mousse. Incorporez alors 1 cuillerée à soupe d'huile.

2 Versez ce mélange dans le bol d'un mixeur électrique muni d'une pale à pâte, ajoutez un tiers de la farine et battez à vitesse lente, en ajoutant progressivement le reste de farine (60 g à la fois). Pétrissez 5 minutes à vitesse moyenne pour obtenir une pâte élastique.

3 Ramassez la pâte en boule et mettez-la dans un saladier huilé, en la retournant plusieurs fois. Couvrez d'un film plastique et laissez gonfler 2 heures à l'abri des courants d'air, jusqu'à ce qu'elle ait doublé de volume.

4 Préchauffez le four à 190 °C. Huilez légèrement 2 plaques de cuisson. Mélangez le lemon-curd, la cassonade et le reste d'huile dans un récipient.

5 Aplatissez la pâte avec le poing sur le plan de travail fariné. Divisez-la en 10 portions égales. Abaissez un pâton pour former un rectangle de 10 x 20 cm. Étalez dessus un peu de garniture au lemon-curd, puis roulez la pâte en partant d'un grand côté. Formez ensuite une spirale avec le cylindre obtenu avant de l'aplatir légèrement. Répétez l'opération avec le reste des ingrédients, puis disposez tous les rouleaux sur les plaques de cuisson. Faites-les cuire 12 à 15 minutes au four, jusqu'à ce qu'ils soient dorés. Servez tiède ou à température ambiante.

Pain aux noix

Pour 1 pain de 500 g environ

250 g de farine ménagère
225 g de farine de blé complète
1 c. à s. de levure chimique
1 c. à c. de bicarbonate de soude
80 g de sucre brun
100 g de cerneaux de noix hachés
100 g de poires séchées
coupées en petis dés
40 g de beurre fondu tiède
2 œufs légèrement battus
250 ml de babeurre

1 Préchauffez le four à 180 °C. Tapissez de papier sulfurisé une plaque de cuisson.

2 Tamisez les farines, la levure et le bicarbonate de soude dans un grand saladier. Ajoutez le sucre, les noix et les poires, puis formez un puits au centre. Mélangez le beurre, les œufs et le babeurre dans un récipient avant de les verser dans le puits. Travaillez les ingrédients avec une cuillère en bois pour les amalgamer. Quand la pâte forme une boule souple, pétrissez-la rapidement sur un plan de travail fariné, puis façonnez-la en une miche ronde de 20 cm de diamètre. Mettez-la sur la plaque.

3 Avec un couteau tranchant légèrement fariné, incisez le dessus de la miche en formant une croix. Faites-la cuire 30 à 40 minutes au four, jusqu'à ce qu'elle soit dorée.

PRATIQUE Vous pouvez ajouter à cette recette 1 cuillerée à café de graines de fenouil ou remplacer les poires par d'autres fruits secs de votre choix. Servez tiède avec des fruits et/ou du fromage, pour conclure un déjeuner d'été.

Brioches de Pâques

Pour 16 brioches

1 c. à s. de levure de boulanger (sèche)
80 g de sucre en poudre
625 g de farine à pain
1 1/2 c. à c. de quatre-épices
1 c. à c. de cannelle moulue
1 c. à c. de noix de muscade moulue
250 ml de lait tiède
100 g de beurre doux fondu
2 œufs légèrement battus
200 g de raisins de Corinthe
70 g d'écorces d'oranges confites

Glaçage
2 c. à s. de sucre en poudre

Décor
60 g de farine ménagère

1 Mélangez la levure, 1 pincée de sucre et 125 ml d'eau tiède dans un petit saladier. Remuez, puis laissez reposer 10 minutes à l'abri des courants d'air, jusqu'à ce que la levure mousse.

2 Mettez la farine dans un saladier avec les épices et 1/2 cuillerée à café de sel. Réservez.

3 Dans le bol d'un robot ménager muni d'une pale à pâte, versez le lait, le beurre, le reste du sucre, les œufs et 125 g du mélange de farine. Fouettez pendant 1 minute, jusqu'à ce que le mélange soit lisse, puis ajoutez la levure, les raisins de Corinthe et les écorces confites (coupées en morceaux). Fouettez à nouveau pour mélanger. Incorporez enfin le reste de farine en quatre fois (125 g à la fois), en fouettant bien entre chaque ajout. Comme la pâte deviendra collante et difficile à mélanger, servez-vous de la vitesse la plus faible du robot et pétrissez pendant 5 minutes. Une autre méthode consiste à mélanger les ingrédients avec une cuillère en bois avant de pétrir la pâte 5 minutes environ, sur un plan de travail légèrement fariné.

4 Retournez plusieurs fois la pâte dans un grand saladier huilé, puis couvrez-la d'un film alimentaire et laissez-la gonfler 1 h 30 à 2 heures à l'abri des courants d'air. Elle doit doubler de volume.

5 Dégonflez la pâte avec le poing, puis retournez-la sur une surface de travail farinée. Divisez-la en 16 portions égales. Formez 16 brioches rondes et disposez-les sur 2 plaques de cuisson légèrement huilées, en les espaçant de 4 cm environ. Couvrez d'un linge humide et laissez reposer pendant 30 minutes, jusqu'à ce qu'elles aient doublé de volume.

6 Préchauffez le four à 180 °C. Pour le glaçage, mélangez le sucre avec 2 cuillerées à soupe d'eau dans une petite casserole. Portez à ébullition sur feu vif, puis retirez la casserole du feu et réservez.

7 Pour les croisillons de pâte, mettez la farine dans un petit saladier et ajoutez graduellement 60 ml d'eau, en remuant pour obtenir une pâte. Étalez cette dernière sur une épaisseur de 2 mm, sur une surface farinée. Coupez-la en bandelettes de 5 mm de large sur 12 cm de long, badigeonnez d'eau ces dernières, puis disposez-les en croix sur les brioches. Faites cuire 15 à 20 minutes au four. Quand les brioches sont dorées, sortez-les du four et nappez-les aussitôt du glaçage au sucre. Laissez-les refroidir sur une grille.

Pétrissez la pâte
quelques minutes à la main
sur un plan de travail fariné.

Badigeonnez d'eau
les bandelettes de pâte
et disposez-les sur les brioches.

Muffins aux framboises

Pour 12 muffins

125 g de flocons d'avoine
375 ml de lait
250 g de farine ménagère
1 c. à s. de levure chimique
115 g de cassonade
1 œuf légèrement battu
90 g de miel
60 g de beurre doux fondu
150 g de framboises

1 Préchauffez le four à 190 °C. Huilez une plaque à muffins de 12 alvéoles ou garnissez chaque alvéole d'une caissette en papier.

2 Versez les flocons d'avoine dans un saladier, ajoutez le lait et laissez reposer pendant 5 minutes. Tamisez la farine et la levure dans un autre récipient, puis incorporez-y le sucre. Creusez un puits au centre.

3 Mélangez de façon homogène l'œuf, le miel et le beurre. Versez le tout dans le puits, ajoutez l'avoine, puis travaillez les ingrédients rapidement pour obtenir une pâte grossière. Évitez de mélanger trop longtemps pour que la pâte reste inégale. Ajoutez les framboises en remuant délicatement pour ne pas les écraser.

4 Répartissez la pâte dans les moules. Enfournez 20 à 25 minutes, jusqu'à ce que les muffins soient dorés et cuits à point : une brochette piquée en leur centre doit ressortir propre. Laissez-les reposer 5 minutes avant de les démouler sur une grille. Servez tiède.

PRATIQUE Pour les muffins, ne mélangez pas trop la pâte pour éviter d'obtenir des gâteaux durs et collants. Avant cuisson, la préparation doit avoir une consistance légèrement grumeleuse, qui va devenir plus homogène à la cuisson.

Muffins à l'orange et aux abricots

Pour 12 muffins

140 g d'abricots secs
grossièrement hachés
le zeste râpé de 1 orange
125 ml de jus d'orange frais
250 g de farine à levure incorporée
175 g de miel
30 g de beurre doux fondu
185 ml de lait écrémé
1 œuf légèrement battu

1 Préchauffez le four à 180 °C. Huilez une plaque à muffins de 12 alvéoles ou garnissez chaque alvéole d'une caissette en papier.

2 Mélangez les abricots, le jus d'orange et le zeste d'orange dans une casserole, puis faites chauffer sur feu moyen, sans laisser bouillir. Retirez du feu et réservez.

3 Tamisez la farine dans un saladier et creusez un puits au centre. Mélangez le miel, le beurre, le lait et l'œuf dans un autre récipient pour obtenir un appareil homogène. Versez le tout dans le puits, puis ajoutez la préparation aux abricots et travaillez rapidement la pâte en veillant à ne pas trop pétrir. Elle doit avoir une texture inégale.

4 Répartissez ce mélange dans les moules. Enfournez pendant 20 à 25 minutes, jusqu'à ce que les muffins soient dorés et cuits à point. Laissez-les tiédir 2 minutes avant de les démouler sur une grille.

PRATIQUE Pour réussir la pâte à muffins, tamisez toujours la farine. Vous obtiendrez ainsi des gâteaux plus légers.

Muffins aux pommes et au sirop d'érable

Pour 12 muffins

60 g de son non traité
375 ml de babeurre
185 ml de sirop d'érable
1 œuf légèrement battu
60 ml d'huile végétale
1 pomme pelée,
épépinée et coupée en petits dés
70 g de noisettes mondées
(voir « Pratique ») et hachées
250 g de farine à levure incorporée
1 c. à c. de cannelle moulue

1 Préchauffez le four à 180 °C. Huilez une plaque à muffins de 12 alvéoles ou garnissez chaque alvéole d'une caissette en papier.

2 Versez le son et le babeurre dans un saladier en mélangeant bien, puis laissez reposer 5 minutes. Ajoutez le sirop d'érable, l'œuf, l'huile, la pomme et les noisettes. Mélangez pour obtenir une préparation homogène.

3 Tamisez la farine et la cannelle sur ce mélange, puis incorporez-les délicatement avec une cuillère en métal, sans trop travailler la pâte, qui doit rester légèrement grumeleuse.

4 Répartissez la pâte dans les moules. Enfournez pendant 20 à 25 minutes, jusqu'à ce que les muffins soient dorés et cuits à point. Laissez-les tiédir 2 minutes avant de les démouler sur une grille.

PRATIQUE Pour peler facilement les noisettes, répartissez-les en une seule couche sur une plaque allant au four. Faites-les griller dans le four préchauffé à 180 °C ou sous le gril, 2 minutes environ, en les mélangeant à mi-cuisson pour qu'elles dorent uniformément. Mettez-les dans un linge propre et frottez-les pour les débarrasser de leur peau.

Brioches au yaourt

Pour 2 brioches

650 g de farine à pain
1 c. à c. de cannelle moulue
3 c. à s. de levure de boulanger (sèche)
2 œufs légèrement battus
250 g de yaourt à la grecque
125 ml de lait tiède
90 g de miel
60 g de beurre froid coupé en dés
100 g de figues sèches hachées

Pour dorer
1 œuf
2 c. à s. de lait

Glaçage
375 g de sucre glace tamisé
80 ml de jus de citron

Ajoutez à la pâte le beurre
et les figues avant de la pétrir à nouveau
pendant 10 minutes.

Formez les brioches
en tressant les bandes de pâte.
Rabattez les extrémités sous les brioches.

1 Dans le bol d'un robot muni d'une pale à pâte, mélangez 600 g de farine avec la cannelle, la levure et 1 cuillerée à café de sel. Creusez un puits au centre. Fouettez les œufs, le yaourt, le lait et le miel dans un autre récipient, puis versez le tout dans le puits. Réglez le robot sur sa vitesse la plus faible et travaillez les ingrédients pendant 3 minutes pour obtenir un mélange homogène. Passez à la vitesse moyenne, ajoutez le beurre et les figues et pétrissez encore 10 minutes, jusqu'à ce que la pâte soit lisse et élastique. Versez le reste de la farine si le mélange est un peu collant. Vous pouvez aussi mélanger les ingrédients à l'aide d'une cuillère en bois avant de pétrir la pâte 10 minutes sur une surface de travail légèrement farinée.

2 Mettez la pâte dans un grand saladier huilé en la retournant plusieurs fois, puis couvrez-la d'un film alimentaire et laissez-la reposer 1 h 30 à l'abri des courants d'air. Elle doit doubler de volume.

3 Aplatissez la pâte avec le poing, retournez-la sur une surface farinée, puis divisez-la en 6 portions égales que vous roulerez alors en boudins de 30 cm chacun. Formez 2 tresses avec ces boudins et glissez les extrémités sous la pâte pour donner aux brioches une finition agréable à l'œil.

4 Posez les brioches sur une plaque de cuisson légèrement huilée. Recouvrez-les d'un linge humide et laissez-les reposer 30 minutes, jusqu'à ce que la pâte ait à nouveau doublé de volume. Préchauffez le four à 220 °C.

5 Pour la dorure, mélangez l'œuf et le lait dans un bol ; badigeonnez-en le dessus des tresses. Enfournez pendant 10 minutes, puis réduisez la température à 180 °C et laissez cuire encore 20 minutes. Si les brioches brunissent trop rapidement, couvrez-les de papier d'aluminium. Laissez-les refroidir sur une grille.

6 Pour le glaçage, mélangez le sucre, le jus de citron et 2 cuillerées à soupe d'eau bouillante dans un bol, puis travaillez à la fourchette pour obtenir une pâte homogène. Décorez-en les tresses cuites. Réservez jusqu'à ce que le glaçage ait pris.

Yorkshire puddings sucrés

Pour 6 puddings

170 ml de lait
2 œufs
85 g de farine ménagère
125 ml d'huile végétale
40 g de sucre roux

1 Préchauffez le four à 220 °C. Fouettez le lait, les œufs et le sucre dans un saladier. Tamisez la farine sur le mélange, puis fouettez pour obtenir une pâte lisse.

2 Répartissez l'huile dans 6 moules à muffins et faites-la chauffer 3 minutes au four (elle doit être très chaude, presque fumante, pour donner une pâte très aérée). Répartissez alors la pâte à la cuillère dans les moules et faites cuire les puddings 15 minutes au four, jusqu'à ce qu'ils soient gonflés et bien dorés. Servez tiède, avec une compote de fruits.

PRATIQUE Cette recette est une adaptation très libre d'un classique de la cuisine anglaise, les yorkshire puddings étant traditionnellement préparés sans sucre et servis avec le rôti de bœuf du dimanche… Vous pouvez aussi les accommoder avec des fruits rouges : à la place de l'huile, répartissez dans les moules (légèrement graissés) des fruits rouges de votre choix (surgelés), puis couvrez-les de pâte et faites cuire les puddings 15 à 20 minutes au four.

Galette aux prunes et au romarin

Pour une galette de 25 cm

60 ml de lait chaud
2 c. à c. de levure de boulanger (sèche)
115 g de sucre en poudre
2 œufs légèrement battus
le zeste râpé de 1 citron
2 c. à c. de romarin
soigneusement ciselé
185 g de farine à pain
150 g de beurre doux en dés
10 prunes
dénoyautées et coupées en deux
(ou 800 g de prunes au sirop
bien égouttées)

1 Beurrez un moule rond à paroi amovible de 25 cm de diamètre.

2 Versez le lait et la levure dans le bol d'un robot. Ajoutez 55 g de sucre, les œufs, le zeste de citron et 1 cuillerée à café de romarin, puis la farine. Battez les ingrédients pendant 1 minute. Ajoutez le beurre et fouettez encore 1 minute, jusqu'à ce que la pâte soit lisse, luisante et épaisse.

3 Répartissez la pâte dans le moule et couvrez-la d'un film alimentaire. Laissez-la reposer 1 h 30 à 2 heures à l'abri des courants d'air ; elle doit doubler de volume.

4 Aplatissez la pâte avec le poing, puis étalez-la bien dans le moule en travaillant avec vos paumes légèrement humidifiées. Répartissez les prunes dessus, face coupée vers le haut, en les enfonçant légèrement dans la pâte. Laissez reposer encore 30 minutes. Préchauffez le four à 200 °C.

5 Saupoudrez les prunes du reste de sucre, puis du reste de romarin. Faites cuire d'abord 10 minutes à 200 °C, puis réduisez la température du four à 180 °C et laissez cuire encore 20 minutes, jusqu'à ce que la galette soit légèrement dorée. Servez tiède, en tranches, avec de la crème fouettée ou du mascarpone.

Scones aux myrtilles et à l'orange

Pour 20 scones

1 c. à s. de levure de boulanger (sèche)
75 g de sucre en poudre
250 ml de lait tiède
125 g de beurre doux ramolli
80 ml de jus d'orange frais
2 œufs légèrement battus
375 g de farine à pain
du sucre glace pour décorer

Garniture
100 g de beurre doux ramolli
115 g de sucre en poudre
le zeste râpé de 2 oranges
270 g de myrtilles

Répartissez les myrtilles sur la garniture puis formez 2 rouleaux bien serrés.

Disposez les scones à plat dans les moules en les serrant bien.

1 Dans un petit saladier, mélangez la levure avec 1 pincée de sucre et 100 ml de lait tiède. Remuez pour dissoudre, puis laissez reposer à l'abri des courants d'air pendant 10 minutes, jusqu'à ce que la levure mousse.

2 Versez dans le bol d'un robot ménager le reste du lait et du sucre, le beurre et 1 cuillerée à café de sel. Fouettez jusqu'à ce que le beurre soit presque fondu, puis incorporez le jus d'orange, les œufs et le mélange de levure et de lait. En vous servant de la vitesse la plus faible de l'appareil, ajoutez la farine en plusieurs fois, par portion de 60 g, jusqu'à obtenir une pâte molle et lisse.

3 Ramassez-la en boule et mettez-la dans un saladier huilé en la faisant rouler sur les parois de celui-ci. Laissez-la ensuite reposer 1 heure à couvert pour qu'elle double de volume.

4 Pour la garniture, travaillez en crème le beurre, le sucre et le zeste d'orange, en procédant avec un fouet électrique. Beurrez 2 moules à charnière ronds de 20 cm de diamètre.

5 Retournez la pâte sur une surface de travail légèrement farinée et divisez-la en deux. Abaissez chaque moitié en un rectangle de 25 × 15 cm. Répartissez la garniture dessus avant d'ajouter les myrtilles. Formez 2 rouleaux en partant des grands côtés, puis coupez chaque rouleau en 10 portions égales avec un couteau légèrement fariné. Disposez les scones à plat dans les moules, en les serrant bien, couvrez-les d'un linge humide, puis laissez-les reposer 45 minutes à l'abri des courants d'air. Ils doivent doubler de volume. Dans l'intervalle, préchauffez le four à 180 °C.

6 Faites cuire les scones 25 à 30 minutes au four, jusqu'à ce qu'ils soient dorés. Ils doivent se détacher des parois. Laissez-les 5 minutes dans les moules avant de les faire refroidir sur une grille. Saupoudrez-les de sucre glace avant de servir.

Les gâteaux

Du pain au gâteau

L'invention du gâteau remonte sans doute à l'Égypte ancienne, dont les fresques et les bas-reliefs des tombes de pharaons s'ornent déjà de représentations de pâtissiers royaux. Les premiers gâteaux étaient des pains levés enrichis de miel, de noix et d'épices. C'est l'addition d'œuf et de beurre, due aux Romains, qui a donné naissance à une texture plus légère, plus poreuse, par laquelle s'est établie une nette distinction entre le pain et le gâteau.

Le commerce a joué un rôle essentiel dans le développement des gâteaux, le sucre étant importé du Nord de l'Inde, les noix et les épices du Moyen-Orient. À partir du XVIe siècle, les Espagnols ont rapporté du Mexique le chocolat. Mais cette évolution ne s'est pas limitée aux seuls ingrédients : on a mis également au point les cercles à gâteau, tandis que l'invention des moules permettait de donner aux pâtisseries des formes nouvelles.

Les plus grandes innovations se sont cependant produites au XIXe siècle, avec la découverte du bicarbonate de soude, de la levure chimique et autres produits levants dont l'usage devait à jamais révolutionner l'art de confectionner les gâteaux.

Les gâteaux aujourd'hui

De nos jours, l'usage du four domestique fait partie de presque toutes les cultures et les gâteaux maison revêtent un nombre incroyable de formes, de tailles, de textures et de goûts.

Il existe trois grandes méthodes pour confectionner un gâteau, chacune donnant un résultat légèrement différent. Ceux dont la pâte a été travaillée en crème et qui contiennent un pourcentage élevé de matières grasses présentent une texture friable et moelleuse. Les gâteaux fouettés comprennent une quantité importante d'œufs, qui aère leur pâte. Ils tendent à gonfler de façon impressionnante à la cuisson et, même s'ils perdent un peu de leur volume en refroidissant, ils demeurent légers et aériens. Les gâteaux que l'on prépare avec la méthode du « fondu-mélangé », où l'on fait blanchir sucre et beurre, produisent une matière particulièrement dense et spongieuse. Souvent parfumés, ces derniers se conservent longtemps et leur goût s'améliore avec l'âge.

Pour réussir à coup sûr un gâteau, vous devez utiliser des ingrédients de bonne qualité. Outre ces éléments de base, il existe un nombre impressionnant de parfums et arômes qui lui donneront son caractère. Les gâteaux peuvent être petits ou très grands, moelleux ou denses. On les enrichit de fruits secs et de noix ; on les tranche et on

les fourre de crèmes parfumées ou de fruits frais ; on peut même en retirer des bénéfices diététiques. Leur forme leur est donnée par une grande variété de moules. Une génoise se confectionne habituellement dans deux moules fins, les rectangles ainsi obtenus étant alors nappés de crème, de confiture ou de fruits. Les cakes à l'anglaise, piqués de fruits confits, se cuisent dans des moules profonds, chemisés de papier sulfurisé pour empêcher que leurs bords ne brûlent à la cuisson (celle-ci étant souvent très longue). Certains de ces moules, hautement décoratifs, portent des noms spécifiques tels que « kougelhof » et « bundt », originaires de l'Europe centrale même s'ils s'emploient de nos jours partout dans le monde. On prépare de même des gâteaux individuels, tels que les friands ou les timbales.

La confection d'un gâteau a longtemps été associée à la célébration d'une fête exceptionnelle : mariage, naissance, baptême, fête religieuse… Le gâteau restait une gourmandise exceptionnelle du fait du prix élevé et de la rareté de certains ingrédients.

Désormais, il a tendance à devenir un plaisir partagé au quotidien, à accompagner le café du matin ou à améliorer le goûter. Avec un placard bien rempli, il est devenu facile de préparer en un tournemain un délicieux dessert pour recevoir des amis débarqués à l'improviste.

Les ingrédients

Farine, œufs, agents levants, corps gras et sucre sont les ingrédients indispensables à la préparation des gâteaux. Les quantités varieront selon les recettes, de même que les spécificités de ces ingrédients.

Farine

Farine ménagère Presque tous les gâteaux se confectionnent avec de la farine ménagère de froment (dite farine à gâteau). Celle-ci se compose d'un mélange de blé dur et de blé tendre contenant peu de gluten. Les farines qui en contiennent davantage, comme la farine à pain, produiront une pâte plus lourde et plus dense.

Farine à levure incorporée C'est une farine contenant un produit levant.

Farine de riz Elle ne comporte pas de gluten et s'emploie souvent pour alléger une pâte à gâteau. On l'utilise seule ou combinée à de la farine ménagère.

Œufs

Utilisez des œufs de gros calibre (60 g), gardez-les dans le réfrigérateur mais laissez-les revenir à température ambiante avant d'en faire usage. Jetez ceux qui sont fendus.

Agents levants

Bicarbonate de soude Cet agent levant chimique est une substance alcaline dont l'activation requiert un acide de manière à libérer suffisamment de dioxyde de carbone pour aérer la pâte. Cet acide est soit lactique (yaourt, crème fraîche ou babeurre), soit acétique (jus de citron, vinaigre). Sitôt qu'il entre en contact avec le bicarbonate dans un liquide, ses gaz se mettent à l'œuvre.

Levure chimique Elle se compose de bicarbonate de soude, de crème de tartre et d'amidon de maïs (pour absorber l'humidité). Elle connaît deux stades d'opération. Dans le premier, en contact avec la pâte, elle produit une première décharge de gaz entraînant l'apparition de petites bulles. Ensuite, soumise à la chaleur du four, elle libère une plus importante quantité de dioxyde de carbone, permettant la levée du gâteau.

Corps gras

Mieux vaut n'employer que du beurre dans la préparation des gâteaux, mais on y trouve parfois de l'huile d'olive, de l'huile végétale et des margarines. La graisse attendrit et « ramasse » la pâte ; c'est elle qui donne cette délicieuse sensation de mollesse dans la bouche. L'huile d'olive comme l'huile végétale ajoutent un goût particulier, en même temps qu'elles confèrent au gâteau une texture plus friable.

Édulcorants

Sucre Il affecte le goût, la couleur et la texture des gâteaux. Il les édulcore, les attendrit et permet d'en retirer l'humidité. Tous les types de sucres peuvent trouver place dans la confection des gâteaux. La cassonade leur octroie une couleur plus sombre et un léger parfum de caramel.

Miel, sirop de glucose, sirop de canne Il s'agit de sucres de fructose, qui donnent au gâteau un goût particulier et humidifient légèrement la pâte.

Caramel liquide Il donne à la pâte une saveur de malt et une couleur d'un brun doré.

Et aussi...

Chocolat Il faut habituellement faire fondre le chocolat noir avant de l'incorporer à une pâte à gâteau, mais on peut aussi l'utiliser finement râpé. N'employez que du chocolat noir de bonne qualité.

Cacao en poudre non sucré Il doit être tamisé avec la farine et les autres ingrédients secs.

Noix Les fruits oléagineux ajoutent saveur et texture au gâteau. En poudre, ils peuvent remplacer la farine dans certaines recettes.

Fruits Une grande variété de fruits secs figure dans la fabrication des gâteaux ; on les fait parfois macérer dans de l'alcool (ou dans un jus de fruits frais) avant de les introduire dans la pâte. Les fruits frais peuvent être mélangés à la pâte ou disposés en surface avant la cuisson. Les zestes d'agrumes et les jus de fruits apportent aussi aux gâteaux des saveurs caractéristiques.

Avant et après

Il suffit souvent de huiler et fariner le moule pour empêcher que la pâte y adhère et faciliter le démoulage du gâteau cuit. Sauf indication contraire de la recette, servez-vous de beurre doux fondu pour graisser vos moules. Pour certains gâteaux, il est plus avantageux de chemiser de papier sulfurisé la base et/ou les parois du moule.

Préparation des moules

Pour chemiser un moule rectangulaire ou carré Beurrez l'intérieur du moule. Placez-le au centre d'une feuille de papier sulfurisé. Coupez en diagonale à partir de chaque coin de la feuille jusqu'au coin du moule. Rabattez le papier en suivant ces découpes pour faciliter son insertion dans le moule. Placez-le alors dans le moule en l'ajustant aux parois en pressant bien pour le faire adhérer.

Pour chemiser un moule rond Placez le moule sur une feuille de papier sulfurisé et dessinez-en la base au crayon. Découpez la forme. Beurrez l'intérieur du moule et déposez le cercle de papier au fond (la présence de beurre permet au papier d'adhérer).

Confection de la pâte

Travail en crème Servez-vous d'un fouet électrique pour battre en crème le beurre et le sucre, jusqu'à ce qu'ils soient mousseux. Incorporez ensuite progressivement les œufs pour obtenir un mélange homogène. Pour vérifier que beurre et sucre fouettés forment une crème, prélevez-en une petite portion dans une cuillère et tapotez cette dernière : le mélange doit se détacher aisément. Vous pouvez alors incorporer la farine et les éléments liquides avant de verser la pâte dans le moule.

Travail au fouet Placez le sucre et les œufs entiers, ou les jaunes d'œufs, dans un saladier. Avec un fouet manuel ou un fouet électrique, battez le mélange pendant 5 à 8 minutes jusqu'à ce qu'il soit pâle, qu'il ait triplé de volume et qu'il forme « le ruban » (il laisse une bande épaisse quand vous retirez fouet). Versez alors la farine tamisée et incorporez-la avec une cuillère en métal. Ajoutez enfin le beurre fondu (si la recette en comporte), puis versez la pâte dans le moule.

Méthode « fondu-mélangé » Mettez dans une casserole le beurre, le sucre et le liquide mentionné dans la recette. Faites délicatement chauffer le mélange pour faire fondre le beurre et amalgamer les ingrédients. Laissez tiédir. Tamisez les ingrédients secs dans un autre récipient, puis combinez-les au beurre fondu (avec les œufs si la recette en contient) pour obtenir une pâte homogène. Versez cette dernière dans le moule.

Cuisson du gâteau

Pour faire cuire le gâteau, mettez-le sur une grille placée au centre du four (sauf indication contraire) et laissez-le le temps indiqué. Si la recette donne deux indications de durée, par exemple de 30 à 35 minutes, vérifiez la cuisson après 30 minutes.

Vérification de la cuisson Le gâteau est cuit lorsqu'il commence à se décoller légèrement des parois du moule ; si vous le pressez délicatement au centre, il doit reprendre très vite sa forme. Vous pouvez aussi le piquer avec une brochette métallique, qui doit ressortir parfaitement propre ; si des fragments de pâte y restent attachés, remettez le gâteau 5 minutes au four. On procédera à cette vérification autant de fois que nécessaire tant que la brochette ne ressort pas propre. Cette méthode n'est cependant pas applicable aux gâteaux comportant d'importantes quantités de fruits (suivez dans ce cas les recommandations de la recette).

Démoulage La plupart des gâteaux doivent être sortis de leur moule par retournement. De nombreuses recettes suggèrent de les laisser d'abord tiédir pendant quelques minutes avant le démoulage, pour éviter que la pâte ne se brise pendant le retournement. Avec un couteau à lame fine ou un couteau-palette, décollez délicatement le gâteau des parois du moule, renversez-le sur une grille, ôtez le moule, puis retirez éventuellement le papier sulfurisé. Laissez refroidir complètement.

Astuces

■ Commencez toujours par lire entièrement la recette et assurez-vous de disposer de tous les ingrédients mentionnés en quantité suffisante et de posséder l'équipement nécessaire.

■ Sortez du réfrigérateur œufs, lait, beurre et autres produits réfrigérés pour qu'ils soient à température ambiante au moment d'être mélangés avec les autres ingrédients.

■ Respectez les consignes données dans les recettes sur le choix du moule. Un changement de forme ou de taille entraînera invariablement une modification du temps de cuisson.

■ Placez la grille de cuisson au milieu du four, en vérifiant qu'il y ait assez d'espace au-dessus pour permettre au gâteau de lever. Préchauffez le four au moins 10 minutes à l'avance.

■ Pesez et mesurez de façon précise les ingrédients, soit avec une balance, soit avec les récipients mesureurs (ces derniers ne sont cependant pas aussi précis que la pesée).

■ Quand vous faites fondre des ingrédients dans une casserole, ne laissez jamais bouillir le mélange, sauf indication contraire.

■ Ajoutez les œufs ou les jaunes d'œufs un à un à la pâte, en mélangeant soigneusement après chaque addition.

■ Dans le cas où un mélange battu en crème donne l'impression qu'il va se défaire, introduisez-y un peu de farine tamisée.

■ Quand vous battez des blancs d'œufs en neige, assurez-vous avant de commencer que le récipient et le fouet sont parfaitement propres et secs. Les blancs doivent être à température ambiante avant que vous ne les fouettiez.

■ Il faut toujours tamiser l'agent levant avec la farine pour en assurer la bonne dispersion.

■ Utilisez toujours une cuillère en métal pour incorporer les ingrédients secs dans un mélange d'œuf battu et de sucre. L'opération se fait avec délicatesse, en partant du centre du saladier vers l'extérieur et en imprimant une brève rotation à chaque incorporation. Si vous devez mélanger des blancs en neige avec une autre préparation, ce sont les blancs que vous devez incorporer, et non l'inverse, pour que la neige reste aérée.

■ Les pâtes à gâteau épaisses seront réparties dans le moule avec une cuillère. Les pâtes plus fluides y seront versées directement. Si nécessaire, lissez la surface à la spatule pour obtenir une cuisson uniforme.

■ N'ouvrez jamais la porte du four pendant la première moitié de la cuisson. Par la suite, si nécessaire, ouvrez-la et fermez-la avec délicatesse.

■ Si le gâteau a adhéré au moule, glissez un couteau-palette le long des parois pour en faciliter le démoulage.

■ Laissez toujours tiédir le gâteau avant de le renverser sur une grille. Pour éviter que celle-ci ne laisse des marques, retournez à nouveau le gâteau sur une autre grille : les marques seront imprimées sur sa base et ne se verront donc pas. Vous pouvez aussi tapisser la grille de papier sulfurisé mais un peu de condensation risque alors de se produire.

■ Attendez toujours le refroidissement complet pour poser un glaçage. En revanche, si un gâteau doit être nappé de sirop tiède, il vaut mieux le faire quand il est encore chaud.

Génoise aux fraises et à la crème

Pour 6 personnes

30 g de beurre fondu
60 g de farine ménagère
60 g de Maïzena
3 c. à c. de levure chimique
4 œufs
170 g de sucre en poudre
2 c. à s. de lait chaud
300 ml de crème fleurette
2 c. à s. de sucre glace
2 c. à s. de confiture de fraises
500 g de fraises coupées en deux

I Préchauffez le four à 180 °C. Avec le beurre fondu, graissez 2 moules à gâteau ronds de 20 cm de diamètre. Chemisez la base de papier sulfurisé et farinez les parois.

2 Tamisez à trois reprises la farine, la Maïzena et la levure dans un saladier.

3 Dans un autre récipient, fouettez les œufs et le sucre pendant 5 minutes, jusqu'à ce que le mélange blanchisse. Avec une cuillère en métal, incorporez délicatement les farines tamisées et le lait chaud pour obtenir un mélange homogène (évitez cependant de trop le travailler). Répartissez-le dans les moules. Faites cuire les génoises 18 à 20 minutes au four, jusqu'à ce qu'elles soient dorées. Laissez-les reposer 5 minutes avant de les démouler sur une grille pour les faire refroidir.

4 Fouettez la crème et la moitié du sucre glace dans un saladier, jusqu'à ce que des pics se forment à la surface. Posez une génoise sur le plat de service et nappez-la de confiture avant d'ajouter la moitié de la crème et la moitié des fraises. Couvrez avec l'autre génoise puis étalez dessus le reste de crème et de fraises. Saupoudrez de sucre glace et servez sans attendre.

PRATIQUE La génoise ne se conserve pas. Dégustez-la le jour même ou congelez-la (elle se garde 1 mois, enveloppée dans un film alimentaire).

Couronnes aux amandes

Pour 6 personnes

180 g de beurre doux en dés
230 g de sucre en poudre
4 œufs
125 g de farine à levure incorporée
35 g d'amandes en poudre
80 ml de lait

Sauce au vin rouge
130 g de sucre en poudre
300 ml de vin rouge
170 ml de jus de mûres

1 Préchauffez le four à 200 °C. Beurrez 6 petits moules à kougelhofs (250ml) et farinez-les légèrement.

2 Battez en crème au fouet électrique le beurre et le sucre, jusqu'à ce que le mélange blanchisse. Ajoutez les œufs un à un, en mélangeant bien après chaque addition. Tamisez la farine sur le mélange et incorporez-la délicatement avant d'ajouter les amandes et le lait. Continuez de battre jusqu'à obtention d'une pâte homogène.

3 Répartissez cette dernière dans les moules et enfournez pendant 15 à 20 minutes. Pour vérifier la cuisson, piquez le centre avec une brochette : elle doit ressortir propre. Retirez les couronnes du four et laissez-les refroidir 5 minutes avant de les démouler sur une grille.

4 Pour la sauce, versez tous les ingrédients dans une casserole et mélangez à feu doux jusqu'à ce que le sucre soit dissous. Augmentez la flamme et laissez frémir 10 minutes pour obtenir un sirop épais.

5 Pour servir, nappez les couronnes de sirop et servez avec de la crème fraîche (facultatif).

Gâteau marbré

Pour 6 personnes

1 gousse de vanille
185 g de beurre doux en dés
230 g de sucre en poudre
3 œufs
280 g de farine à levure incorporée
185 ml de lait
2 c. à s. de cacao en poudre non sucré
1 1/2 c. à s. de lait en supplément

1 Préchauffez le four à 200 °C. Beurrez légèrement un moule à cake rectangulaire de 25 x 11 cm ; chemisez le fond de papier sulfurisé.

2 Fendez la gousse de vanille dans la longueur et grattez-en les graines, puis mettez-les dans un saladier avec le beurre et le sucre. Battez le mélange en crème au fouet électrique, jusqu'à ce qu'il blanchisse. Ajoutez les œufs un à un, en travaillant bien après chaque addition. Tamisez la farine puis incorporez-la à la pâte, en faisant alterner avec le lait, jusqu'à ce que le tout soit homogène. Prélevez la moitié de cette préparation pour la mettre dans un autre saladier.

3 Mélangez le cacao en poudre et le lait en supplément (faites-le chauffer légèrement d'abord). Versez le tout dans un des saladiers de pâte et remuez bien. Répartissez les deux pâtes dans le moule en faisant alterner les cuillerées. Avec une brochette métallique, mélangez légèrement la pâte pour créer un effet marbré. Enfournez 50 à 60 minutes. Laissez reposer le gâteau 5 minutes avant de le démouler sur une grille.

PRATIQUE Le refroidissement du gâteau sur une grille permet à sa base de sécher sans que sa vapeur interne amollisse sa texture. Vous pourrez le garder 4 jours à l'abri de l'air.

Gâteau sans farine au chocolat

Pour 6 à 8 personnes

150 g de chocolat noir haché
125 g de beurre doux en morceaux
150 g de sucre en poudre
5 œufs, jaunes et blancs séparés
200 g de noisettes en poudre
1/2 c. à c. de levure chimique
40 g de cacao en poudre non sucré
1 c. à c. de cannelle moulue
du sucre glace pour décorer

Crème à la vanille
1 gousse de vanille
300 ml de crème fleurette
1 c. à c. de sucre en poudre

1 Préchauffez le four à 170 °C. Beurrez légèrement un moule à gâteau rond de 20 cm de diamètre ; chemisez le fond de papier sulfurisé.

2 Faites fondre le chocolat au bain-marie, dans un saladier résistant à la chaleur posé sur une casserole d'eau frémissante. Remuez fréquemment et veillez à ce que la base du saladier ne touche pas l'eau. Laissez tiédir.

3 Battez en crème au fouet électrique le sucre et le beurre, jusqu'à ce que le mélange blanchisse. Ajoutez un à un les jaunes d'œufs, en fouettant bien après chaque addition. Incorporez le chocolat fondu (il ne doit pas être trop chaud). Tamisez les noisettes, la levure, le cacao en poudre et la cannelle dans un saladier, avant d'incorporer le tout au mélange chocolaté.

4 Montez en neige ferme les blancs d'œufs dans un saladier propre et sec. Avec une cuillère en métal, incorporez-les en deux fois au mélange chocolaté. Répartissez délicatement la pâte dans le moule et faites cuire 1 heure au four. Pour vérifier la cuisson, piquez le centre avec une brochette : elle doit ressortir propre. Laissez le gâteau refroidir dans le moule.

5 Entre-temps, confectionnez la crème à la vanille. Fendez la gousse de vanille dans le sens de la longueur et grattez-en les graines. Fouettez la crème, les graines de vanille et le sucre dans un petit saladier, jusqu'à ce que des pics se forment. Pour servir, saupoudrez le gâteau de sucre glace et proposez à part la crème à la vanille.

PRATIQUE Ce gâteau se conserve à l'abri de l'air pendant 3 à 4 jours. On peut également le congeler.

Gâteau de polenta

Pour 6 à 8 personnes

150 g de beurre
230 g de cassonade
115 g de sucre en poudre
5 œufs
185 ml de crème fraîche
3/4 de c. à c. d'essence d'amandes
1 c. à c. d'extrait naturel de vanille
155 g de farine ménagère
1 1/2 c. à c. de levure chimique
150 g de polenta

Compote de mûres
80 g de sucre en poudre
2 c. à c. de jus de citron
500 g de mûres

1 Préchauffez le four à 180 °C. Beurrez un moule à cake de 14 x 24 cm.

2 Battez en crème au fouet électrique la cassonade, le sucre et le beurre pendant 2 minutes, jusqu'à ce que le mélange blanchisse. Ajoutez un à un les œufs, en battant bien après chaque addition. Réduisez la vitesse pour incorporer la crème fraîche et les essences d'amandes et de vanille.

3 Tamisez la farine, la levure et 1 pincée de sel. Ajoutez la polenta puis incorporez le tout au mélange aux œufs. Répartissez la pâte obtenue dans le moule et enfournez 50 minutes. Pour vérifier la cuisson, piquez le centre avec une brochette : elle doit ressortir propre. Laissez reposer le gâteau 5 minutes, puis démoulez-le sur une grille pour le faire refroidir.

4 Pendant la cuisson du gâteau, préparez la compote de mûres. Mélangez le sucre, le jus de citron et 2 cuillerées à soupe d'eau dans une casserole. Faites dissoudre sur feu moyen pendant 3 minutes. Ajoutez les mûres et mélangez bien avant de laisser frémir 5 minutes. Faites refroidir à température ambiante.

5 Coupez le gâteau en tranches épaisses et servez-le grillé, accompagné de crème fraîche (facultatif) et de compote tiède ou très froide.

Gâteau de Noël italien

Pour 18 à 20 personnes

440 g de miel
60 ml de vin rouge
235 g d'amandes mondées grillées et hachées
450 g de fruits confits (citron, orange, poire, pêche et cerise rouge) hachés en gros morceaux
410 g de farine ménagère
115 g de sucre en poudre
60 g de cacao en poudre non sucré
80 g de chocolat noir finement haché
$1/4$ de c. à c. de bicarbonate de soude
$1/2$ c. à c. de cannelle moulue
$1/2$ c. à c. de noix de muscade moulue
1 pincée de clous de girofle moulus
1 c. à c. de zeste d'orange finement râpé
1 c. à c. de zeste de citron finement râpé

Garniture
200 g d'oranges confites en tranches
30 g de cerises confites
115 g de miel tiède

Versez le mélange de miel
et de vin sur les ingrédients secs.

Décorez la surface du gâteau
d'oranges et de cerises confites.

1 Préchauffez le four à 170 °C. Beurrez légèrement un moule à charnière rond de 23 cm de diamètre ; chemisez le fond de papier sulfurisé. Farinez la paroi et jetez l'excédent.

2 Mélangez le miel et le vin rouge dans une petite casserole. Laissez chauffer 2 minutes à feu moyen en remuant souvent, jusqu'à ce que le miel commence à fondre. La préparation doit être lisse.

3 Mélangez dans un grand saladier les amandes, les fruits confits, la farine, le sucre, le cacao en poudre, le chocolat, le bicarbonate de soude, les épices et les zestes d'agrumes. Versez dessus le mélange chaud au miel et au vin et remuez avec une cuillère en bois, pour former une pâte compacte.

4 Transférez l'appareil dans le moule et lissez-en la surface. Enfournez 60 minutes. Pour vérifier la cuisson, piquez le centre avec une brochette : elle doit ressortir légèrement collante.

5 Piquez le gâteau en différents points avec une brochette pour y faire des petits trous, décorez-le d'oranges et de cerises confites, puis nappez-le de miel tiède. Remettez-le au four 10 minutes. Laissez-le reposer quelques minutes avant de le démouler. Attendez qu'il soit complètement refroidi pour l'envelopper dans un film alimentaire.

PRATIQUE Vous trouverez des oranges confites dans les épiceries fines et chez certains confiseurs. Ce gâteau se conserve 1 mois dans une boîte étanche.

Tourte
au chocolat blanc,
aux amandes
et aux canneberges

Pour 10 personnes

8 blancs d'œufs
200 g de sucre en poudre
250 g de chocolat blanc haché
195 g d'amandes mondées,
grillées et hachées
200 g de canneberges sèches sucrées
40 g de farine à levure incorporée

1 Préchauffez le four à 180 °C. Beurrez légèrement un moule à charnière rond de 24 cm de diamètre ; chemisez le fond de papier sulfurisé. Farinez la paroi avant d'en retirer l'excédent.

2 Fouettez en neige ferme les blancs d'œufs dans un saladier sec et propre. Ajoutez graduellement le sucre, en fouettant soigneusement après chaque addition. Continuez de fouetter jusqu'à ce que la préparation soit ferme et brillante et que le sucre soit dissous.

3 Mélangez le chocolat, les amandes et les canneberges dans un saladier, puis incorporez la farine avant d'ajouter les blancs en neige en deux fois. Étalez le tout dans le moule.

4 Laissez cuire 1 heure au four, en couvrant le gâteau à mi-cuisson d'une feuille d'aluminium s'il brunit trop rapidement. Éteignez le four mais laissez le gâteau à l'intérieur jusqu'à complet refroidissement. Pour le démouler facilement, glissez la lame d'un couteau contre la paroi.

PRATIQUE On trouve des canneberges séchées dans les magasins diététiques, les épiceries fines et certaines grandes surfaces. Cette tourte se conserve 1 semaine à l'abri de l'air, dans un endroit frais. Il n'est pas conseillé de la congeler.

Gâteau de carottes aux noisettes

Pour 8 à 10 personnes

150 g de carottes finement râpées
165 g de noisettes en poudre
70 g de chapelure sèche
1 pincée de noix de muscade moulue
6 œufs, jaunes et blancs séparés
230 g de sucre en poudre
2 c. à s. de sherry doux

Glaçage à l'orange
155 g de sucre glace tamisé
10 g de beurre doux ramolli
2 à 3 c. à s. de jus d'orange

1 Préchauffez le four à 180 °C. Beurrez légèrement un moule à charnière rond de 24 cm de diamètre. Chemisez la base de papier sulfurisé ; farinez la paroi.

2 Mélangez dans un saladier les carottes et les noisettes. Ajoutez la chapelure et la noix de muscade, puis mélangez à nouveau avant de réserver.

3 Fouettez les jaunes d'œufs et le sucre pendant 5 minutes dans un grand récipient, jusqu'à ce que le mélange blanchisse. Ajoutez le sherry, puis la préparation aux carottes.

4 Fouettez les blancs d'œufs en neige dans un saladier propre et sec. Incorporez-les en trois fois aux carottes. Répartissez cet appareil à la cuillère dans le moule et enfournez pendant 50 minutes. Pour vérifier la cuisson, piquez le centre avec une brochette : elle doit ressortir propre. Laissez tiédir 10 minutes, puis retirez la paroi du moule et transférez le gâteau sur une grille pour le faire refroidir.

5 Pour le glaçage à l'orange, mélangez le sucre glace et le beurre dans un saladier résistant au feu, en ajoutant juste assez de jus d'orange pour obtenir une sauce un peu liquide. Faites chauffer le mélange 1 à 2 minutes au bain-marie, au-dessus d'une casserole d'eau frémissante, en remuant sans cesse. Quand le glaçage est lisse et luisant, nappez-en le gâteau complètement refroidi, en l'étalant avec un couteau à grande lame ou un couteau-palette. Laissez prendre avant de servir.

Cake aux fruits et au rhum

Pour 12 à 14 personnes

310 g de raisins de Smyrne
250 g de cassis séchés
225 g de raisins de Corinthe
185 ml d'huile végétale
125 ml de rhum ambré
125 ml de jus d'orange
230 g de cassonade
2 c. à s. de sirop de glucose doré
1/2 c. à c. de bicarbonate de soude
1 c. à s. de zeste d'orange râpé
4 œufs légèrement battus
185 g de farine ménagère
60 g de farine à levure incorporée
1 c. à s. de quatre-épices
40 g d'amandes entières mondées
80 g de confiture d'abricots

Ajustez la bande de papier sulfurisé
contre la paroi du moule.

Déposez les disques de papier sulfurisé
au fond du moule.

1 Préchauffez le four à 150 °C. Beurrez légèrement un moule à gâteau rond de 20 cm de diamètre. Coupez une double épaisseur de papier sulfurisé en une bande suffisamment large pour couvrir la paroi du moule et suffisamment haute pour en dépasser de 5 cm. Repliez la partie inférieure sur 2 cm. Coupez dans ce rebord des entailles jusqu'à la ligne de pliage, à 1 cm d'écart. Ajustez la bande de papier contre la paroi du moule, la partie repliée reposant sur la base, en pressant les bandelettes de manière qu'elles se trouvent à angle droit et recouvrent partiellement la base. Posez le moule sur une double feuille de papier sulfurisé et tracez-en la forme au crayon. Coupez cette forme et déposez les disques de papier sur la base du moule.

2 Mélangez les fruits secs, l'huile, le rhum, le jus d'orange, le sucre et le sirop de glucose dans une casserole. Laissez chauffer à feu moyen jusqu'à dissolution du sucre. Portez à ébullition, réduisez le feu et laissez frémir à couvert pendant 10 minutes. Retirez la casserole du feu pour incorporer le bicarbonate de soude, puis laissez refroidir à température ambiante. Ajoutez le zeste d'orange, les œufs, les farines tamisées et enfin le quatre-épices.

3 Étalez l'appareil dans le moule et égalisez-en la surface avant d'y répartir les amandes. Enfournez 2 h 15. Pour vérifier la cuisson, piquez le centre avec une brochette : elle doit ressortir propre (elle sera légèrement collante si elle a été insérée au milieu d'un fruit). Laissez refroidir dans le moule.

4 Faites chauffer la confiture à feu doux pendant 3 à 4 minutes, jusqu'à ce qu'elle devienne liquide. Badigeonnez-en le dessus du gâteau.

PRATIQUE Pour conserver ce cake, couvrez sa surface de papier sulfurisé avant de l'envelopper dans une feuille d'aluminium. Il se conserve dans un endroit frais pendant 1 mois. Vous pouvez aussi le congeler 3 mois.

Gâteau à la bière et aux épices

Pour 8 à 10 personnes

250 ml de bière brune (Guinness)
350 g de mélasse
2 c. à c. de levure chimique
3 œufs
230 g de cassonade
200 ml d'huile végétale
150 g de farine à levure incorporée
2 1/2 c. à s. de gingembre moulu
2 c. à c. de cannelle moulue
100 g de marmelade d'oranges
80 g d'écorces d'orange confites
(facultatif)

1 Préchauffez le four à 180 °C. Beurrez un moule en couronne d'une contenance de 2,5 litres et farinez-le légèrement.

2 Mélangez la bière et la mélasse dans une grande casserole et portez à ébullition. Ajoutez la levure hors du feu et laissez l'ébullition se dissiper.

3 Fouettez les œufs et le sucre dans un grand saladier pendant 1 à 2 minutes, jusqu'à ce que le mélange blanchisse. Versez l'huile et fouettez pour mélanger, puis transférez le tout dans la casserole et mélangez bien. Tamisez la farine et les épices dans un grand saladier avant d'y incorporer au fouet le contenu de la casserole. Répartissez la pâte obtenue dans le moule et enfournez pendant 1 heure. Pour vérifier la cuisson, piquez le centre avec une brochette : elle doit ressortir propre. Laissez refroidir le gâteau pendant 20 minutes avant de le démouler sur une grille.

4 Faites chauffer la marmelade à feu doux pendant 3 à 4 minutes. Quand elle est liquide, passez-la dans un chinois, puis étalez-en la moitié sur le gâteau. Décorez ce dernier avec les écorces d'orange confites (facultatif), avant de le napper avec le reste de marmelade.

PRATIQUE Ce gâteau se conservera 1 semaine dans un récipient fermé. Vous pouvez le congeler 3 mois.

Mini-cakes à la pistache

Pour 10 mini-cakes

165 g de sucre glace
+ 1 c. à c. pour décorer
40 g de farine ménagère
125 g de pistaches en poudre
(voir « Pratique » p. 293)
160 g de beurre doux fondu
5 blancs d'œufs légèrement battus
1/2 c. à c. d'extrait naturel de vanille
55 g de sucre en poudre
35 g de pistaches hachées

1 Préchauffez le four à 190 °C. Beurrez légèrement 10 moules individuels d'une contenance de 125 ml.

2 Tamisez le sucre glace et la farine dans un saladier. Ajoutez les pistaches, le beurre, les blancs d'œufs et la vanille. Mélangez avec une cuillère en métal sans trop travailler.

3 Répartissez la préparation dans les moules et laissez cuire 15 à 20 minutes au four. Pour vérifier la cuisson, piquez le centre d'un des cakes avec une brochette : elle doit ressortir propre. Laissez les cakes reposer 5 minutes avant de les démouler sur une grille pour qu'ils refroidissent.

4 Mélangez le sucre en poudre et 60 ml d'eau dans une petite casserole. Remuez sur feu doux jusqu'à ce que le sucre soit dissous, puis portez à ébullition. Laissez bouillir pendant 4 minutes pour obtenir un sirop épais. Hors du feu, incorporez les pistaches hachées, puis répartissez aussitôt ce mélange sur les cakes. Saupoudrez de sucre glace et servez.

PRATIQUE Ces mini-cakes se conservent 4 jours à l'abri de l'air. Ils peuvent être congelés 3 mois.

Mini-cakes
à la farine de riz

Pour 18 mini-cakes

250 g de beurre doux ramolli
350 g de sucre en poudre
8 œufs
1 c. à c. de zeste d'orange
finement râpé
80 g d'amandes en poudre
300 g de farine de riz tamisée
60 ml de madère
80 g d'amandes mondées hachées
du sucre glace pour décorer

1 Préchauffez le four à 170 °C. Beurrez 18 moules individuels d'une contenance de 125 ml.

2 Battez en crème au fouet électrique le beurre et le sucre, jusqu'à ce que le mélange blanchisse. Ajoutez les œufs un à un, en fouettant bien après chaque addition, puis incorporez le zeste d'orange. Fouettez encore 5 minutes. Mélangez les amandes en poudre et la farine de riz, puis ajoutez-y en trois fois la préparation au beurre, en faisant alterner avec le madère. Prenez garde de ne pas trop travailler la pâte.

3 Répartissez la préparation dans les moules et saupoudrez d'amandes hachées. Enfournez 25 à 30 minutes. Pour vérifier la cuisson, piquez le centre d'un gâteau avec une brochette : elle doit ressortir propre. Laissez les cakes reposer 5 minutes avant de les démouler sur une grille pour les faire refroidir.

4 Avant de servir, saupoudrez-les de sucre glace. Accompagnez de crème fouettée et de fruits rouges frais.

PRATIQUE Vous pouvez remplacer le madère par un autre vin doux de votre choix. Ces mini-cakes se conservent 4 jours à l'abri de l'air. Ils peuvent se congeler 3 mois.

Gâteau de polenta aux fruits secs

Pour 6 à 8 personnes

150 g de polenta
60 g de beurre doux coupé en dés
115 g de sucre en poudre
150 g de dattes
dénoyautées et finement hachées
95 g d'abricots secs hachés
1 pincée de noix de muscade râpée
1 1/2 c. à c. de zeste de citron
finement râpé
2 œufs légèrement battus
125 g de farine ménagère tamisée
55 g de pignons de pin
du sucre glace pour décorer

1 Préchauffez le four à 180 °C. Beurrez un moule à cake de 11 x 21 cm ; chemisez le fond de papier sulfurisé.

2 Portez à ébullition 500 ml d'eau dans une grande casserole. Ajouter graduellement la polenta avec 1 pincée de sel, en remuant constamment. Réduisez à feu moyen, ajoutez le beurre et continuez à mélanger pendant 2 à 3 minutes, jusqu'à ce que la polenta épaississe et se détache des parois. Laissez tiédir hors du feu, puis incorporez le reste des ingrédients à l'exception des pignons.

3 Étalez la polenta dans le moule, avant d'égaliser la surface avec une cuillère humide. Saupoudrez de pignons et pressez-les légèrement dans la pâte. Enfournez pendant 40 à 45 minutes. Pour vérifier la cuisson, piquez le centre avec une brochette : elle doit ressortir propre. Laissez reposer le gâteau 10 minutes avant de le démouler sur une grille. Saupoudrez de sucre glace avant de servir.

PRATIQUE Ce gâteau de polenta se conserve à l'abri de l'air pendant 3 jours.

Gâteau roulé au chocolat et aux châtaignes

Pour 6 à 8 personnes

60 g de chocolat noir haché
4 œufs
115 g de sucre en poudre
100 g de crème de marrons sucrée en boîte
60 g de farine à levure incorporée tamisée
2 c. à s. d'eau chaude
1 c. à c. de cacao en poudre non sucré

Crème aux châtaignes
150 g de crème de marrons sucrée en boîte
300 ml de crème fraîche
1 c. à s. de rhum ambré

Roulez la génoise
en partant d'un grand côté
et sans retirer le papier sulfurisé.

Étalez la crème
sur la génoise refroidie,
puis roulez-la à nouveau délicatement.

1 Préchauffez le four à 180 °C. Beurrez un moule à génoise de 25 × 30 cm ; chemisez le fond de papier sulfurisé.

2 Faites fondre le chocolat au bain-marie, dans un saladier résistant à la chaleur, au-dessus d'une casserole d'eau frémissante. La base du saladier ne doit pas toucher l'eau. Remuez constamment jusqu'à ce que le chocolat soit parfaitement fondu. Laissez-le refroidir.

3 Fouettez les œufs et le sucre pendant 3 minutes dans un grand saladier, jusqu'à ce que le mélange blanchisse. Incorporez au fouet la crème de marrons, le chocolat fondu (tiède), puis la farine et l'eau. Répartissez la pâte dans le moule et enfournez pendant 20 minutes. Veillez à ne pas trop cuire le gâteau, sans quoi il se fendra quand vous le roulerez.

4 Déposez un linge propre sur le plan de travail, recouvrez d'une feuille de papier sulfurisé et saupoudrez cette dernière de cacao. Démoulez la génoise sur le papier, puis retirez délicatement la feuille qui tapissait le moule. Égalisez les bords. En commençant par le côté le plus

long de la génoise, roulez-la soigneusement sur elle-même avec le papier sur lequel elle repose. Déposez-la sur une grille et laissez-la reposer 10 minutes, puis déroulez-la délicatement et laissez-la refroidir complètement.

5 Pour la crème aux châtaignes, fouettez la crème de marrons, la crème fraîche et le rhum jusqu'à ce que le mélange épaississe. Étalez cette garniture sur la génoise avant de la rouler à nouveau délicatement, en vous servant du papier pour vous guider. Saupoudrez de cacao en poudre.

PRATIQUE Il est conseillé de déguster ce roulé le jour même de sa confection.

Financiers
aux myrtilles

Pour 12 financiers

30 g de farine à levure incorporée
40 g de semoule
230 g de sucre en poudre
25 g d'amandes en poudre
**1/2 c. à c. de zeste de citron
finement râpé**
4 blancs d'œufs légèrement battus
125 g de beurre doux fondu
80 g de myrtilles
45 g d'amandes effilées
du sucre glace pour décorer

1 Préchauffez le four à 170 °C. Chemisez de caissettes en papier une plaque à muffins de 12 alvéoles.

2 Tamisez la farine et la semoule dans un saladier, puis ajoutez le sucre, les amandes en poudre et le zeste de citron avant de mélanger. Versez les blancs d'œufs et fouettez au batteur électrique pour obtenir une préparation homogène. Incorporez le beurre fondu sans cesser de battre jusqu'à ce que le mélange soit lisse. Ajoutez enfin les myrtilles et remuez grossièrement. Répartissez la pâte dans les moules.

3 Saupoudrez les financiers d'amandes effilées et faites-les cuire 30 minutes au four. Pour vérifier la cuisson, piquez le centre d'un gâteau avec une brochette : elle doit ressortir propre. Mettez-les à refroidir sur une grille. Saupoudrez-les de sucre glace avant de servir.

PRATIQUE Ces financiers ne se conservent pas bien. Il est conseillé de les déguster le jour même.

Cake à la banane

Pour 16 personnes

180 g de beurre doux ramolli
90 g de miel
230 g de sucre en poudre
1 1/2 c. à c. d'extrait naturel de vanille
3 œufs
4 bananes bien mûres écrasées
185 g de yaourt ordinaire
1/2 c. à c. de bicarbonate de soude
375 g de farine à levure incorporée
tamisée

Glaçage au miel
125 g de beurre doux
3 c. à s. de miel
125 g de sucre glace
1 c. à s. de lait

1 Préchauffez le four à 180 °C. Beurrez 2 moules à gâteau ronds de 15 cm de diamètre ; chemisez-en la base de papier sulfurisé.

2 Battez en crème au fouet électrique le beurre, le miel, le sucre et la vanille, jusqu'à ce que le mélange blanchisse. Ajoutez les œufs un à un, en fouettant bien après chaque addition, puis incorporez les bananes écrasées.

3 Battez le yaourt et le bicarbonate de soude dans un bol. Incorporez au mélange à la banane un tiers du yaourt, puis un tiers de la farine. Répétez l'opération deux fois, puis répartissez la pâte dans les moules. Enfournez 50 à 60 minutes. Pour vérifier la cuisson, piquez le centre d'un gâteau avec une brochette : elle doit ressortir propre. Laissez reposer les gâteaux pendant 5 minutes avant de les retourner sur une grille.

4 Pour le glaçage au miel, battez en crème au fouet électrique le beurre et le miel, jusqu'à ce que le mélange blanchisse. Ajoutez graduellement le sucre en poudre et le lait, sans cesser de fouetter jusqu'à ce que le glaçage soit pâle. Répartissez ce dernier sur les gâteaux complètement refroidis.

PRATIQUE Ce gâteau se conserve 4 jours à l'abri de l'air. Sans glaçage, il peut être congelé pendant 3 mois.

Moelleux au café

Pour 6 moelleux

1 1/2 c. à s. de café lyophilisé
90 g de crème fraîche
125 g de beurre doux
165 g de cassonade
2 œufs
155 g de farine à levure incorporée tamisée

Sauce au café
2 c. à c. de café lyophilisé
165 g de cassonade

1 Préchauffez le four à 180 °C. Beurrez légèrement 6 petits moules rectangulaires de 50 ml, puis farinez-les.

2 Délayez le café dans 2 cuillerées à soupe d'eau frémissante. Laissez refroidir, puis ajoutez la crème fraîche et remuez soigneusement.

3 Battez en crème au fouet électrique le beurre et le sucre, jusqu'à ce que le mélange pâlisse. Ajoutez les œufs un à un, en fouettant bien après chaque addition. Incorporez la farine en alternance avec le mélange à la crème, puis répartissez la pâte dans les moules. Égalisez la surface et faites cuire 25 minutes au four. Pour vérifier la cuisson, piquez le centre avec une brochette : elle doit ressortir propre.

4 Pour la sauce au café, mélangez le café, le sucre et 170 ml d'eau dans une petite casserole. Laissez chauffer à feu moyen pour faire dissoudre le sucre, puis portez à ébullition. Dès les premiers bouillons, retirez la casserole du feu. Versez la sauce brûlante sur les gâteaux chauds, encore dans leur moule. Laissez ces derniers refroidir avant de les retourner sur une grille.

PRATIQUE Ces moelleux au café se conservent 3 à 4 jours à l'abri de l'air. Ils peuvent se congeler pendant 3 mois.

Gâteau au vin doux et à l'huile d'olive

Pour 6 à 8 personnes

3 œufs
170 g de sucre en poudre
2 c. à c. de zeste d'orange
finement râpé
2 c. à c. de zeste de citron
finement râpé
2 c. à c. de zeste de citron vert
finement râpé
120 ml d'huile d'olive vierge extra
185 g de farine à levure incorporée
tamisée
125 ml de vin blanc liquoreux
du sucre glace pour décorer

I Préchauffez le four à 180 °C. Beurrez un moule à manqué de 20 cm de diamètre ; chemisez le fond de papier sulfurisé. Farinez sa paroi.

2 Fouettez les œufs et le sucre dans un grand saladier pendant 3 à 5 minutes, jusqu'à ce que le mélange blanchisse. Ajoutez les zestes d'orange, de citron et de citron vert ainsi que l'huile d'olive. Continuez de fouetter pour obtenir une préparation homogène. Incorporez alors la farine et le vin en plusieurs fois, sans cesser de fouetter.

3 Versez la pâte dans le moule. Faites cuire 40 à 45 minutes au four. Pour vérifier la cuisson, piquez le centre avec une brochette : elle doit ressortir propre. Laissez le gâteau refroidir pendant 10 minutes, puis démoulez-le sur une grille. Saupoudrez-le de sucre glace avant de servir.

PRATIQUE Ce gâteau se conserve à l'abri de l'air pendant 4 jours. Il peut se congeler 3 mois.

Gâteau léger au chocolat

Pour 12 personnes

3 œufs
185 g de cassonade
40 g de beurre doux fondu
170 ml de compote de pommes
60 ml de lait écrémé
85 g de cacao en poudre non sucré
185 g de farine à levure incorporée

Glaçage au chocolat
125 g de sucre glace tamisé
2 c. à s. de cacao en poudre non sucré
1 à 2 c. à s. de lait écrémé

1 Préchauffez le four à 180 °C. Badigeonnez de beurre fondu un moule en couronne de 20 cm de diamètre, puis farinez-le.

2 Fouettez les œufs et le sucre dans un saladier pendant 5 minutes, jusqu'à ce que la préparation blanchisse. Mélangez le beurre, la compote et le lait dans un autre récipient avant d'incorporer le tout aux œufs battus. Tamisez le cacao en poudre et la farine, puis ajoutez-les au mélange précédent.

3 Versez la pâte dans le moule et enfournez pendant 35 à 40 minutes. Pour vérifier la cuisson, piquez le centre avec une brochette : elle doit ressortir propre. Laissez le gâteau tiédir dans le moule pendant 5 minutes, puis retournez-le sur une grille pour qu'il refroidisse complètement.

4 Pour le glaçage au chocolat, mélangez le sucre glace et le cacao en poudre dans un saladier, puis versez-y suffisamment de lait pour former une pâte épaisse. Posez le saladier sur une casserole d'eau frémissante, en remuant jusqu'à ce que le glaçage soit lisse, puis retirez de la flamme. Étalez le glaçage sur le gâteau et laissez prendre. Dégustez le jour même.

Gâteau de ricotta au citron et au miel

Pour 10 à 12 personnes

1 kg de ricotta fraîche (voir « Pratique »)
175 g de miel
1 1/2 c. à c. d'extrait naturel de vanille
60 ml de jus de citron
le zeste finement râpé de 2 citrons
1/2 c. à c. de cannelle moulue
4 œufs légèrement battus
35 g de farine ménagère

1 Préchauffez le four à 170 °C. Beurrez et farinez légèrement un moule à gâteau à paroi amovible de 18 cm de diamètre.

2 Égouttez la ricotta, puis battez-la jusqu'à ce qu'elle soit lisse. Ajoutez le miel, la vanille, le jus de citron, le zeste de citron, la cannelle et les œufs. Continuez de battre jusqu'à ce que le mélange soit homogène. Incorporez enfin la farine en fouettant toujours pour obtenir une préparation lisse et homogène.

3 Répartissez à la cuillère ce mélange dans le moule. Faites cuire 1 heure au four : le gâteau doit être légèrement doré mais encore tendre au cœur. Éteignez le four, entrouvrez-en la porte et laissez refroidir le gâteau à l'intérieur. Mettez-le au moins 1 heure au réfrigérateur avant de le démouler. Servez à température ambiante, accompagné de fruits pochés.

PRATIQUE Achetez la ricotta fraîche dans une épicerie italienne. Elle a une texture plus agréable que celle des grandes surfaces.

Moelleux
au cœur de chocolat et gingembre

Pour 12 moelleux

100 g de beurre doux ramolli
125 g de cassonade
115 g de sirop de glucose ambré
2 œufs
125 g de farine à levure incorporée
85 g de farine ménagère
2 c. à c. de cannelle moulue
1 c. à s. de gingembre moulu
60 ml de babeurre

Ganache au gingembre
100 g de chocolat noir haché
60 ml de crème liquide
1 c. à c. de gingembre confit finement haché

Divisez la ganache en 12 portions
que vous roulerez en boule.

Couvrez les boules de ganache
avec le reste de pâte.

1 Préchauffez le four à 180 °C. Garnissez de caissettes en papier un moule à muffins de 12 alvéoles.

2 Pour la ganache au gingembre, placez le chocolat dans un petit saladier allant au feu. Faites chauffer la crème presque au point d'ébullition, puis versez-la sur le chocolat et remuez jusqu'à ce que ce dernier soit fondu et que le mélange soit lisse. Incorporez le gingembre. Laissez refroidir à température ambiante, puis mettez la ganache au réfrigérateur. Quand elle est devenue ferme, divisez-la en 12 portions égales que vous roulerez en forme de boule. Congelez ces dernières jusqu'au moment de l'utilisation.

3 Battez en crème au fouet électrique le beurre, le sucre et le sirop de glucose, jusqu'à ce que le mélange blanchisse. Ajoutez les œufs un à un, en remuant bien après chaque addition. Versez dans un plus grand saladier. Tamisez les farines et les épices, puis incorporez-les en plusieurs fois au mélange de beurre, en alternant avec le babeurre.

4 Répartissez les trois quarts de la pâte dans les caissettes en papier. Déposez dans chaque moule une boule de ganache, puis couvrez du reste de pâte. Enfournez pendant 25 à 30 minutes, jusqu'à ce que les gâteaux soient d'un brun doré (on ne peut en vérifier la cuisson avec une brochette car leur cœur est liquide). Laissez-les tiédir pendant 5 minutes, puis sortez-les des moules. Servez tiède.

PRATIQUE Ces moelleux se conservent à l'abri de l'air pendant 4 jours. Ils peuvent se congeler 3 mois. Réchauffez-les avant de servir.

Cheese-cakes à la vanille

Pour 12 gâteaux

60 g de beurre doux ramolli
115 g de sucre en poudre
1 c. à c. de zeste de citron
finement râpé
1 œuf
1 jaune d'œuf
60 g de farine ménagère
1 c. à s. de farine à levure incorporée
2 c. à s. de crème fraîche

Garniture
250 g de fromage blanc
en faisselle égoutté
115 g de sucre en poudre
2 œufs
160 g de crème fraîche
1 c. à c. d'extrait naturel de vanille
2 c. à s. de pignons de pin

1 Préchauffez le four à 180 °C. Beurrez légèrement 12 moules individuels de 125 ml. Chemisez leur base de papier sulfurisé et farinez leur paroi.

2 Battez en crème au fouet électrique le beurre, le sucre et le zeste, jusqu'à ce que le mélange blanchisse. Ajoutez l'œuf, puis le jaune d'œuf, en travaillant bien après chaque addition. Tamisez les farines dans un saladier, puis incorporez-les délicatement et en plusieurs fois au mélange de beurre, en alternant avec la crème fraîche.

3 Répartissez la pâte dans les moules. Enfournez pendant 15 minutes. Pour vérifier la cuisson, piquez le centre d'un gâteau avec une brochette : elle doit ressortir propre. Retirez du four et laissez refroidir. Réduisez la température du four à 160 °C.

4 Pour la garniture, battez le fromage blanc et le sucre dans un saladier. Ajoutez les œufs un à un, en travaillant bien après chaque addition, puis incorporez la crème fraîche et enfin l'extrait de vanille. Répartissez à la cuillère ce mélange sur les gâteaux, puis saupoudrez de pignons de pin. Remettez les gâteaux au four pendant 15 minutes, jusqu'à ce que la garniture soit juste prise. Retirez-les du four, laissez-les tiédir, puis démoulez-les en glissant la lame d'un couteau contre les parois du moule. Laissez-les refroidir sur une grille.

PRATIQUE Ces cheese-cakes se conservent 3 jours au réfrigérateur, dans un récipient fermé.

Bouchées
à la confiture

Pour 12 bouchées

280 g de farine à levure incorporée
170 g de sucre en poudre
250 ml de lait
2 œufs légèrement battus
1/2 c. à c. d'extrait naturel de vanille
75 g de beurre doux fondu
80 g de confiture de fraises
12 petites fraises équeutées
du sucre glace pour décorer

1 Préchauffez le four à 200 °C. Beurrez un moule à muffins de 12 alvéoles.

2 Tamisez la farine dans un saladier, ajoutez le sucre et mélangez. Creusez un puits au centre. Fouettez le lait, les œufs, la vanille et le beurre dans un autre saladier. Versez ce mélange dans le puits et incorporez graduellement le lait avec une cuillère en métal, en évitant de trop travailler la pâte. Répartissez-en les trois quarts dans les moules. Garnissez avec 1 cuillerée à soupe de confiture, puis recouvrez du reste de pâte. Enfoncez légèrement une fraise au centre.

3 Enfournez pendant 20 minutes, jusqu'à ce que les bouchées soient légèrement dorées. Laissez-les tiédir 5 minutes avant de les sortir du moule pour les mettre à refroidir sur une grille. Saupoudrez de sucre glace avant de servir.

PRATIQUE Il est conseillé de déguster ces bouchées le jour même de leur confection.

Les biscuits

Du salé au sucré...

Comme celle des gâteaux, la fabrication des biscuits remonte sans doute à l'Égypte ancienne, bien qu'ils aient alors été fort différents de ceux que nous apprécions aujourd'hui. Le mot résulte de l'alliance de deux termes : *bis* et *cuit*, désignant de petits disques de pâte cuits à deux reprises, habituellement salés, dont se nourrissaient les marins et les soldats durant leurs périples (ces biscuits se conservaient plusieurs mois).

À partir du XVIIᵉ siècle, on y a ajouté du sucre, lequel faisait alors une entrée en force dans les demeures les plus prospères où la cuisson au four devenait pratique courante. À la même époque, la constitution de guildes de pâtissiers a permis la standardisation et l'archivage de recettes.

L'usage des fours domestiques se répandant, les biscuits ont bientôt fait partie du répertoire de presque tous les cuisiniers à domicile. S'il en existe aujourd'hui des milliers dans le commerce, peu onéreux, rien n'égale ceux que l'on déguste chez soi, tièdes encore de la chaleur du four.

Biscuits et cookies

De nos jours, on entend fréquemment le terme *cookie* employé à la place du mot *biscuit*. Venu des États-Unis, ce terme est en fait d'origine néerlandaise (il désigne un petit gâteau). Certains avancent toutefois que le mot *cookie* se réfère à un type de biscuit légèrement plus moelleux et plus large que le biscuit traditionnel ; la distinction ne semble guère convaincante et, dans les pays anglo-saxons, les deux termes sont parfaitement interchangeables.

Les biscuits aujourd'hui

On confectionne des biscuits à l'occasion de naissances, de fêtes, de goûters, parfois pour le simple plaisir de les cuire au four. Leur préparation offre de nombreux points communs avec celles des gâteaux et des pâtisseries, mais elle est souvent moins ardue. Ces trois préparations partagent les mêmes ingrédients de base : farine, corps gras et liquides (avec enrichissement éventuel d'œuf et de sucre), comme les mêmes techniques d'apprêt.

De même que les gâteaux, les biscuits recourent au travail en crème, au fouet ou par fondu ; comme les pâtisseries, leur pâte se roule, s'étale et se découpe en formes. Leur taille et leur apparence varient tout autant. Certains sont détaillés à l'emporte-pièce, d'autres formés en bloc ou en bûche avant d'être réfrigérés jusqu'à ce qu'ils soient assez fermes pour qu'on les cuise ou qu'on les tranche. Ils peuvent être roulés en boule, puis aplatis. Les pâtes plus liquides sont déposées par cuillerées sur la plaque de cuisson, ou pressées à la poche à douille avant de s'étaler durant la cuisson.

Il faut suivre strictement la recette lorsque l'on prépare des biscuits : veillez donc à respecter la méthode et les mesures indiquées. Pour autant, aucun biscuit maison n'offre une forme parfaitement régulière ; il importe avant tout que vous preniez plaisir à les préparer et qu'ils enchantent votre palais.

Les ingrédients

On retrouve les mêmes que ceux qui entrent dans la confection des gâteaux. Ce qui peut changer, c'est la manière dont ils sont travaillés dans les recettes. Respectez attentivement les conseils d'utilisation.

Farine

Farine ménagère Elle est la plus couramment employée. Il s'agit d'une combinaison de farine de blé dur et de blé tendre, dont le résultat comporte suffisamment de gluten pour que la pâte s'étale facilement. Attention, quand on travaille trop la pâte d'un biscuit, celle-ci durcit à la cuisson.

Il est parfois possible de mélanger la farine ménagère avec de la farine complète.

Farine à levure incorporée Il s'agit de farine ordinaire dans laquelle a déjà été intégré un agent levant (et parfois du sel).

Corps gras

Beurre C'est lui qui donne leur meilleur goût aux biscuits. Il attendrit et « ramasse » la pâte. On se sert de beurre doux pour les biscuits sucrés, de beurre salé pour les biscuits apéritifs.

Margarine Cette matière grasse végétale peut remplacer le beurre dans les pâtisseries pour les personnes ne supportant pas les graisses animales.

Édulcorants

Les édulcorants adoucissent les biscuits. Ils contribuent en outre à les rendre plus friables et leur donnent une belle couleur dorée. Vous pouvez employer tout édulcorant naturel, mais chacun apportera une saveur particulière au résultat final. Les édulcorants artificiels ne sont pas conseillés pour la cuisson au four.

Sucre en poudre et sucre semoule Les plus fréquemment employés des sucres, ils confèrent aux biscuits le meilleur croustillant.

Sucre glace Ce sucre réduit en poudre fine comporte parfois de la fécule de maïs. Il confère une texture légère aux biscuits.

Cassonade Elle aromatise les biscuits d'une délicate odeur de caramel en les colorant de manière plus prononcée. Son usage produit des biscuits légèrement plus denses.

Sirop de glucose (doré ou ambré) Cette forme liquide de sucre conserve aux biscuits leur moelleux. Elle permet de les garder frais plus longtemps. On peut lui substituer du sirop de canne.

Œufs

Les œufs ajoutent de l'humidité, du corps et de la texture aux biscuits. Battus dans la pâte, ils la font également lever. On se sert d'œufs entiers, aussi bien que de jaunes ou de blancs. Les jaunes facilitent la liaison de la pâte à laquelle ils ajoutent du corps et du moelleux, quand les blancs l'aèrent en renforçant sa stabilité.

Agent levants

La levure chimique, le bicarbonate de soude et les blancs d'œufs agissent tous comme agents levants dans la pâte, à laquelle ils ajoutent aussi texture et goût.

On doit les conserver de façon appropriée de manière à préserver leur fraîcheur. Veillez à lire les instructions du fabricant à ce sujet.

Et aussi...

Fécule de maïs et farine de riz. On ajoute parfois à la pâte à biscuits de la fécule de maïs (Maïzena) pour la rendre plus tendre. La farine de riz agit de la même manière.

Polenta Elle confère un exquis goût de noisette et une texture agréablement friable aux biscuits.

Avoine et son Ils ajoutent une texture intéressante et un goût particulier aux biscuits. Ils s'emploient aussi bien dans les recettes salées que sucrées.

Autres adjuvants La préparation de base des biscuits étant en général identique, c'est l'usage d'adjuvants et d'éléments additionnels qui les distinguera les uns des autres : fruits secs, noix hachées ou en poudre, pépites de chocolat, épices, zeste et jus d'agrumes. On relève les biscuits salés d'herbes, d'épices, de céréales, de noix et de fromage.

Astuces

■ Un mixeur électrique est fort pratique pour fouetter et travailler en crème.

■ Certaines recettes font appel à un robot ménager. Toutefois, il ne faut pas trop travailler la pâte à biscuits, au risque de développer un excédent de gluten qui la rendra trop élastique. Ne vous servez du robot que pour incorporer à la farine les corps gras. Lors de l'introduction du liquide, ne travaillez que par pulsions brèves, jusqu'à ce que le mélange commence à se former, puis renversez-le sur une surface de travail et formez-en une boule lisse et moelleuse sans pétrissage.

■ Mesurez et pesez toujours de manière précise les ingrédients. La balance culinaire est souvent préférable aux mesures car elle est plus juste.

■ Veillez à ce que les ingrédients soient à la bonne température. Le beurre froid est celui qui sort du réfrigérateur. Le beurre ramolli est à la température de la pièce, ce qui veut dire qu'il a quitté le réfrigérateur depuis 45 minutes environ. Les œufs doivent eux aussi être à température ambiante. Là encore, sortez-les du réfrigérateur 45 minutes avant de vous en servir.

■ Préparez les plaques de cuisson en suivant les instructions données dans la recette. Il n'est, en effet, pas toujours indispensable de les chemiser ou de les beurrer.

■ Préchauffez le four à la température indiquée avant de le tester avec un thermomètre approprié.

■ Veillez à ce que les grilles du four soient placées à égale distance l'une de l'autre si vous faites cuire plus d'une fournée à la fois.

■ La pâte à biscuits se dilate durant la cuisson. Sur la plupart des plaques standard, on peut faire cuire trois rangées de cinq biscuits espacés de 5 cm environ.

■ Farinez légèrement la surface de travail et le rouleau à pâtisserie avant et pendant l'étalement de la pâte, surtout si cette dernière commence à coller. Mais ayez la main légère pour ne pas modifier sa texture.

■ Pour découper facilement des formes avec un emporte-pièce, plongez-le régulièrement dans un peu de farine pour empêcher que la pâte adhère à ses parois.

■ On peut faire cuire des biscuits sur deux plaques en même temps. Celle du bas devra alors cuire plus longtemps que l'autre. Si vous en avez le temps, il est préférable de faire se succéder les fournées. Une autre méthode consiste à intervertir les plaques à mi-cuisson.

■ Veillez à déposer la pâte à biscuits sur une plaque froide. Quand vous faites plusieurs fournées, laissez refroidir la plaque avant d'y déposer d'autres biscuits.

■ Pour le temps de cuisson, nous donnons généralement deux durées. Respectez toujours la plus courte, puis vérifiez aussitôt si les biscuits sont à point. Remettez-les si besoin au four, mais pas plus de 2 minutes, puis contrôlez à nouveau leur degré de cuisson (un biscuit pas assez cuit à un moment donné peut se révéler trop cuit 1 minute plus tard).

■ Faites refroidir vos biscuits sur une grille, pour permettre à l'air de circuler et éviter que la condensation ne les humidifie. Si vous devez les garnir ou les glacer, veillez à ce qu'ils soient complètement refroidis.

■ Des noix entières, hachées ou en poudre, figurent dans certaines recettes. On les grille souvent avant de les écraser. Pour les faire griller, déposez-les en une seule couche sur une plaque de cuisson et laissez-les 5 à 10 minutes dans le four préchauffé à 180 °C. Surveillez soigneusement l'opération car ces éléments brûlent facilement.

Macarons
à la mandarine

Pour 18 macarons

350 g de beurre doux ramolli
60 g de sucre glace
le zeste râpé de 2 mandarines
250 g de farine ménagère
60 g de Maïzena

Garniture
120 g de beurre doux ramolli
250 g de sucre glace
2 c. à s. de jus de mandarine frais

1 Préchauffez le four à 180 °C. Chemisez 2 plaques de cuisson de papier sulfurisé.

2 Travaillez en crème le beurre, le sucre glace et le zeste au fouet électrique, jusqu'à ce que le mélange blanchisse. Tamisez la farine et la Maïzena sur cette crème, puis mélangez à la cuillère en bois jusqu'à obtention d'une pâte souple.

3 Transférez l'appareil dans une poche à douille munie d'un embout large en forme d'étoile et façonnez sur les plaques 36 disques ronds de 4 cm de diamètre, en les espaçant bien. Faites cuire 12 à 15 minutes au four, jusqu'à ce qu'ils soient légèrement dorés sur les bords. Laissez-les tiédir 5 minutes sur la plaque, puis transférez-les sur une grille pour les faire refroidir.

4 Pour le glaçage, travaillez en crème au fouet électrique le beurre, le sucre glace et le jus de mandarine, jusqu'à ce que le mélange blanchisse. Assemblez deux à deux les biscuits complètement refroidis en les garnissant de glaçage.

PRATIQUE Ces biscuits fourrés doivent être dégustés le jour même. Sans garniture, ils peuvent se garder 1 semaine dans un récipient fermé ou 3 mois au congélateur.

Sablés aux prunes

Pour 24 sablés

80 g de beurre ramolli
60 g de fromage blanc
en faisselle égoutté
115 g de sucre en poudre
1 c. à c. d'extrait naturel de vanille
2 jaunes d'œufs
1 1/2 c. à c. de graines de carvi
150 g de farine ménagère
de la confiture de prunes
du sucre glace pour décorer

1 Travaillez en crème au fouet électrique le beurre, le fromage blanc et le sucre jusqu'à ce que la préparation blanchisse. Ajoutez l'extrait de vanille et 1 jaune d'œuf, puis continuez à battre pour mélanger de manière homogène. Sans cesser de battre, incorporez les graines de carvi et la farine, puis retournez la pâte sur une surface de travail légèrement farinée. Abaissez-la en un grand rectangle, couvrez d'un film alimentaire et réfrigérez pendant 2 heures.

2 Préchauffez le four à 180 °C. Beurrez légèrement 2 plaques de cuisson. Mélangez soigneusement le dernier jaune d'œuf avec 2 cuillerées à café d'eau.

3 Divisez la pâte en deux, puis étalez chaque moitié au rouleau à pâtisserie sur un plan de travail légèrement fariné. Vous obtiendrez 2 rectangles de 18 × 24 cm. Avec la pointe d'un couteau légèrement fariné, découpez la pâte en carrés de 6 cm. Placez 1 cuillerée à café rase de confiture au centre de chaque carré, puis badigeonnez-en 2 coins opposés avec l'œuf battu. Rabattez ces coins sur la confiture en les faisant se chevaucher.

4 Badigeonnez les sablés avec le reste d'œuf battu avant de les disposer sur les plaques en les espaçant bien. Faites-les cuire 10 à 12 minutes au four, en intervertissant les plaques à mi-cuisson. Laissez-les reposer 5 minutes sur les plaques avant de les transférer sur une grille. Quand ils sont complètement refroidis, saupoudrez-les de sucre glace.

PRATIQUE Ces biscuits se conservent 1 semaine dans un récipient fermé, à l'abri de la lumière.

Shortbread

Pour 16 sablés

225 g de beurre doux
115 g de sucre en poudre
+ 1 c. à s. pour saupoudrer les sablés
225 g de farine ménagère
115 g de farine de riz

1 Préchauffez le four à 190 °C. Beurrez légèrement 2 plaques de cuisson.

2 Travaillez en crème au fouet électrique le beurre et le sucre, jusqu'à ce que le mélange blanchisse. Tamisez dans un récipient la farine, la farine de riz et 1 pincée de sel, puis ajoutez le beurre fouetté en travaillant avec une cuillère en bois pour obtenir une chapelure fine. Transférez cette pâte sur un plan de travail fariné et pétrissez-la délicatement. Couvrez-la d'un film alimentaire et réfrigérez la pendant 30 minutes.

3 Divisez la pâte en deux. Abaissez chaque pâton pour obtenir 2 disques d'environ 2 cm de diamètre. Égalisez les bords avant de transférer délicatement ces disques sur les plaques. Avec un couteau tranchant, incisez la surface pour dessiner 8 triangles égaux : piquez la surface avec une fourchette et pincez les bords pour obtenir un effet cannelé. Saupoudrez les sablés de sucre.

4 Faites-les cuire 18 à 20 minutes au four, jusqu'à ce qu'ils soient légèrement dorés. Retirez-les du four et, quand ils sont encore chauds, découpez-les en triangles en suivant les marques incisées. Laissez-les tiédir sur la plaque pendant 5 minutes avant de les mettre à refroidir sur une grille.

PRATIQUE Vous pouvez préparer cette recette sans farine de riz mais sachez que celle-ci permet d'obtenir une pâte plus légère. Ces sablés se conservent à l'abri de l'air pendant 1 semaine.

Biscuits en pain d'épices

Pour 40 biscuits environ

350 g de farine ménagère *2 t. farine blanche*
2 c. à c. de levure chimique
2 c. à c. de gingembre moulu
100 g de beurre doux en dés *1/2 t.*
175 g de cassonade
I œuf battu
I15 g de sirop de glucose ambré *1/3 t.*
des billes de sucre argentées

Glaçage blanc
I blanc d'œuf
3 c. à c. de jus de citron
155 g de sucre glace

Glaçage royal
I blanc d'œuf
200 g de sucre glace

Versez l'œuf et le sirop sur la pâte
et mélangez bien le tout.

Découpez la pâte en utilisant
des emporte-pièces de formes différentes.

1 Préchauffez le four à 190 °C. Beurrez légèrement 2 plaques de cuisson. Tamisez la farine, la levure, le gingembre moulu et 1 pincée de sel dans un saladier. Incorporez-y le beurre jusqu'à ce que le mélange ressemble à une chapelure fine, puis versez le sucre. Creusez un puits au centre, ajoutez l'œuf et le sirop de glucose avant de travailler les ingrédients avec une cuillère en bois ; vous devez obtenir une pâte souple. Transférez-la sur une surface propre et pétrissez-la jusqu'à ce qu'elle soit lisse.

2 Divisez la pâte en deux et abaissez-la à une épaisseur de 5 mm. Avec différents emporte-pièces (en cœur, en étoile, en fleur), découpez-la, puis transférez les sujets sur les plaques. Faites cuire en plusieurs fournées, 8 minutes à chaque fois, jusqu'à ce que les biscuits soient légèrement bruns. Laissez-les tiédir 2 à 3 minutes sur les plaques avant de les mettre à refroidir sur des grilles.

3 Pour le glaçage, fouettez le blanc d'œuf et le jus de citron jusqu'à ce que le mélange mousse, puis incorporez-y le sucre glace pour obtenir un mélange assez liquide. Recouvrez d'un film alimentaire jusqu'au moment de vous en servir.

4 Pour le glaçage royal, fouettez légèrement le blanc d'œuf jusqu'à ce qu'il mousse, puis incorporez graduellement suffisamment de sucre glace pour obtenir une pâte souple. Recouvrez d'un film alimentaire jusqu'au moment de vous en servir.

6 Étalez une très fine couche de glaçage sur quelques-uns des biscuits et laissez prendre. Avec une poche à douille remplie de glaçage royal (voir aussi ci-dessous), décorez les biscuits à votre guise. Terminez la décoration avec les boules de sucre argentées.

PRATIQUE Attendez leur complet refroidissement pour décorer les biscuits. Si vous voulez les suspendre au sapin de Noël, percez un petit trou avec une brochette quand ils sont encore chauds. Vous pourrez les conserver 3 jours dans un récipient hermétique. Si vous ne disposez pas d'une poche à douille, découpez dans du papier sulfurisé un carré de 19 cm, puis recoupez-le en diagonale pour former deux triangles. Roulez chaque triangle en cône, en laissant un petit orifice à la base. Agrafez au besoin le haut des cônes pour les maintenir en forme.

Gressins au chocolat blanc

Pour 18 gressins

250 g de farine ménagère
1 c. à c. de levure chimique
145 g de sucre en poudre
75 g de beurre doux fondu
2 c. à s. de jus de citron vert
le zeste râpé de 2 citrons verts
1 c. à c. d'extrait naturel de vanille
1 œuf légèrement battu
1 jaune d'œuf
150 g de chocolat blanc haché

1 Préchauffez le four à 170 °C. Beurrez et farinez 2 plaques de cuisson.

2 Tamisez la farine et la levure dans un saladier, puis versez-y le sucre. Mélangez au fouet le beurre, le jus de citron vert, le zeste, l'extrait de vanille, l'œuf battu et le jaune d'œuf. Ajoutez ce mélange à la farine et travaillez les ingrédients pour former une pâte homogène.

3 Sur une surface de travail légèrement farinée, formez des boudins fins de 12 cm de long. Répartissez-les sur les plaques et faites-les cuire 10 minutes au four, jusqu'à ce qu'ils soient fermes, en intervertissant la position des plaques à mi-cuisson. Laissez-les tiédir 5 minutes sur les plaques avant de les mettre à refroidir sur une grille.

4 Mettez le chocolat dans un petit saladier résistant à la chaleur et faites-les fondre au bain-marie, au-dessus d'une casserole d'eau frémissante, en remuant fréquemment. La base du saladier ne doit pas être en contact avec l'eau.

5 Pour décorer les biscuits, rapprochez-les sur la grille et posez une feuille de papier sulfurisé dessous. Avec une fourchette trempée dans le chocolat fondu, formez un décor sur les gressins. Laissez prendre.

PRATIQUE Ces gressins se conservent 2 jours à l'abri de l'air (et jusqu'à 7 jours sans décor). Vous pouvez aussi les congeler 8 semaines.

Biscuits fourrés au chocolat

Pour 24 biscuits fourrés environ

250 g de farine ménagère
30 g de cacao en poudre non sucré
200 g de beurre doux très froid,
coupé en dés
100 g de sucre glace
2 jaunes d'œufs légèrement battus
1 c. à c. d'extrait naturel de vanille

Ganache
100 g de chocolat noir haché
1 c. à s. de sirop de glucose
doré ou ambré
25 g de beurre doux ramolli

1 Préchauffez le four à 200 °C. Beurrez légèrement 2 plaques de cuisson.

2 Tamisez la farine et le cacao dans un saladier, puis incorporez le beurre jusqu'à ce que le mélange ressemble à de la chapelure fine. Tamisez le sucre glace dessus, puis mélangez bien. Avec une cuillère en bois, incorporez graduellement les jaunes d'œufs et l'extrait de vanille jusqu'à ce qu'une pâte souple se forme.

3 Sur une surface de travail légèrement farinée, formez avec la pâte un bloc de 4 × 6 × 26 cm. Enveloppez-le d'un film alimentaire et faites-le raffermir 30 minutes au réfrigérateur. Coupez-le ensuite en 48 tranches de 5 mm d'épaisseur. Disposez ces tranches sur les plaques en les espaçant bien. Enfournez pendant 10 minutes, puis laissez-les reposer 5 minutes sur les plaques avant de les faire refroidir sur une grille.

4 Pour la ganache, mettez le chocolat dans un petit saladier résistant à la chaleur et faites-le fondre au bain-marie, au-dessus d'une casserole d'eau frémissante, en remuant fréquemment. Veillez à ce que la base du saladier ne touche pas l'eau. Ajoutez hors du feu le sirop de glucose et le beurre, en continuant de remuer jusqu'à ce que le mélange soit lisse. Réfrigérez-le pendant 10 minutes pour le faire raffermir, puis assemblez les biscuits deux à deux en les fourrant de ganache.

PRATIQUE Sans ganache, les biscuits se gardent 3 jours dans un récipient hermétique. Sinon, il est préférable de les consommer le jour même.

Sablés à la confiture

Pour 45 sablés environ

250 g de beurre doux ramolli
140 g de sucre glace
1 jaune d'œuf légèrement battu
90 g de fromage blanc
en faisselle égoutté
1 1/2 c. à c. d'extrait naturel de vanille
1 c. à c. de zeste de citron
finement râpé
350 g de farine ménagère tamisée
1/4 de c. à c. de levure chimique
1/2 c. à c. de bicarbonate de soude
2 c. à s. de confitures d'abricots,
de myrtilles et de framboises

1 Préchauffez le four à 180 °C. Beurrez légèrement 3 plaques de cuisson.

2 Travaillez en crème au fouet électrique le beurre, le sucre glace et le jaune d'œuf, jusqu'à ce que le mélange blanchisse. Ajoutez le fromage blanc, l'extrait de vanille et le zeste de citron. Mélangez dans un grand saladier la farine, les agents levants et 1/2 cuillerée à café de sel, puis, avec une cuillère en bois, incorporez le tout au beurre fouetté, jusqu'à obtention d'une pâte souple. Laissez reposer 5 à 10 minutes pour que cette pâte raffermisse.

3 Détachez de petits morceaux de pâte de 15 g environ, roulez-les en boule, puis aplatissez-les légèrement pour former des disques de 4 cm. Transférez-les sur les plaques. Creusez de votre pouce une légère dépression en leur centre. Répartissez la valeur de 1/4 de cuillerée à café de confiture d'abricots dans un tiers des biscuits et répétez l'opération avec la confiture de myrtilles sur le deuxième tiers, la confiture de framboises sur le troisième. Enfournez 10 à 12 minutes, jusqu'à ce que les biscuits soient légèrement dorés. Laissez-les tiédir quelques minutes sur les plaques avant de les mettre à refroidir sur une grille.

PRATIQUE On peut conserver ces sablés 2 jours dans un récipient fermé.

Croquants
à l'orange et aux noix

Pour 40 croquants environ

250 g de cerneaux de noix
légèrement grillés
310 g de farine ménagère
1 1/2 c. à c. de levure chimique
170 g de sucre en poudre
3 œufs légèrement battus
le zeste râpé de 3 oranges
2 c. à c. d'extrait naturel de vanille

1 Préchauffez le four à 170 °C. Beurrez légèrement une plaque de cuisson.

2 Hachez grossièrement les noix. Tamisez la farine et la levure dans un grand saladier, puis ajoutez le sucre. Mélangez à la fourchette les œufs, le zeste d'orange et l'extrait de vanille dans un récipient avant d'incorporer cette préparation à la farine tamisée. Pétrissez les ingrédients pour former une pâte épaisse. Déposez cette dernière sur un plan de travail fariné et introduisez-y à la main les cerneaux de noix.

3 Avec la pâte, formez 3 bûchettes de 10 cm de large et aplatissez-les légèrement sur une épaisseur de 4 cm. Placez-les sur la plaque et faites-les cuire 30 minutes au four, jusqu'à ce que la pâte soit dorée et ferme. Retirez du four et laissez refroidir 15 minutes.

4 Baissez la température du four à 150 °C. Quand les bûches sont suffisamment froides pour être manipulées, coupez-les en biais, avec un couteau-scie, en tranches de 1 cm d'épaisseur. Disposez ces dernières sur deux plaques de cuisson et passez-les 15 minutes au four, en intervertissant les plaques à mi-cuisson. Laissez-les refroidir sur une grille.

PRATIQUE Les croquants se conservent à l'abri de l'air pendant 3 semaines.

Biscuits aux noisettes et aux canneberges

Pour 50 biscuits environ

125 g de sucre glace tamisé
175 g de beurre doux ramolli
2 jaunes d'œufs
2 c. à c. de jus de citron
185 g de farine ménagère tamisée
110 g de noisettes en poudre
110 g de canneberges sèches sucrées
80 g de graines de pavot

1 Travaillez en crème le sucre glace et le beurre jusqu'à ce que le mélange blanchisse. Ajoutez les jaunes d'œufs et le jus de citron en continuant de battre pour obtenir une pâte homogène. Incorporez la farine et les noisettes en poudre, puis les canneberges. Divisez la pâte en deux.

2 Étalez la moitié des graines de pavot sur une feuille d'aluminium de 30 cm de long. Avec un des pâtons, formez une bûche ronde de 20 cm de long avant de la rouler dans les graines de pavot. Enveloppez-la ensuite dans la feuille d'aluminium en fermant les extrémités en papillote. Procédez de même avec la seconde portion de pâte et le reste des graines de pavot. Réfrigérez les bûches de pâte pendant 4 heures au minimum, et jusqu'à 5 jours.

3 Pour la cuisson, préchauffez le four à 170 °C. Beurrez légèrement 2 plaques de cuisson. Retirez l'aluminium et détaillez chaque bûche en tranches de 8 mm, en travaillant avec un couteau-scie. Disposez les tranches en une seule couche sur les plaques et enfournez pendant 12 à 15 minutes, jusqu'à ce qu'elles soient fermes et légèrement dorées. Laissez-les tiédir 5 minutes avant de les mettre à refroidir sur une grille.

PRATIQUE La pâte crue peut être conservée au congélateur puis découpée en tranches fines juste avant la cuisson. Une fois cuits, les biscuits se conserveront 1 semaine à l'abri de l'air.

Sablés à la vanille

Pour 40 à 44 anneaux ~~20~~ à 24

125 g de beurre doux ramolli
115 g de sucre en poudre
2 c. à c. d'extrait naturel de vanille
1 petit œuf légèrement battu
200 g de farine ménagère
1/2 c. à c. de levure chimique
1 dose de glaçage (p. 154)
du colorant alimentaire jaune (facultatif)
1 dose de glaçage royal (p. 154)

1 Préchauffez le four à 180 °C. Beurrez légèrement 2 plaques de cuisson.

2 Travaillez en crème le beurre, le sucre et la vanille au fouet électrique, puis ajoutez l'œuf sans cesser de battre. Tamisez sur ce mélange la farine, la levure et 1 pincée de sel, puis remuez le tout avec une cuillère en bois pour obtenir une pâte homogène.

3 Détachez de petites quantités de pâte pour former des boudins de 10 cm de long sur le plan de travail légèrement fariné. Refermez-les en anneaux et pressez-en délicatement les extrémités pour les faire adhérer. Transférez les anneaux sur les plaques de cuisson et enfournez pendant 10 à 12 minutes, jusqu'à ce que les biscuits soient légèrement dorés. Laissez-les tiédir sur la plaque avant de les mettre à refroidir sur une grille.

4 Préparez le glaçage en ajoutant si nécessaire un peu de colorant alimentaire jaune. Préparez le glaçage royal et versez-le dans une poche à douille.

5 Avec un pinceau de cuisine, badigeonnez les biscuits de glaçage et laissez prendre sur une grille. Décorez-les ensuite avec le glaçage royal en travaillant d'avant en arrière pour former des zigzags. Laissez prendre.

PRATIQUE Ces sablés glacés se conservent à l'abri de l'air pendant 3 jours.

Formez de petits boudins de pâte
avant de les façonner en forme d'anneau.

Posez le glaçage sur les anneaux
avec une poche à douille.

Biscuits fourrés au massepain

Pour 25 biscuits

250 g de farine ménagère
+ 2 1/2 c. à c. en supplément
115 g de sucre en poudre
200 g de beurre doux en dés
3 œufs, jaunes et blancs séparés
200 g de pâte d'amandes hachée
des amandes effilées pour décorer

1 Mélangez la farine et le sucre dans un saladier, puis ajoutez le beurre en l'émiettant avec les doigts pour obtenir une chapelure. Ajoutez alors les jaunes d'œufs après les avoir légèrement battus à la fourchette. Pétrissez rapidement le mélange à la main pour obtenir une pâte homogène. Divisez cette dernière en deux portions égales, couvrez-la et mettez-la 2 heures au réfrigérateur pour la faire raffermir.

2 Pendant ce temps, travaillez la pâte d'amandes dans un robot jusqu'à ce qu'elle soit finement hachée. Ajoutez la farine en supplément et 1 1/2 cuillerée à soupe de blanc d'œuf. Battez le mélange pour le rendre homogène. Transférez-le dans un petit saladier, couvrez d'un film alimentaire et réfrigérez.

3 Préchauffez le four à 180 °C. Beurrez et farinez 2 plaques de cuisson.

4 Sortez la pâte du réfrigérateur et étalez-la sur une épaisseur de 4 mm environ, sur une surface de travail légèrement farinée. Avec un emporte-pièce de 6,5 mm de diamètre, découpez des disques dans la pâte, en réservant l'excédent. Déposez 25 de ces disques sur la plaque, badigeonnez-les avec le reste de blanc d'œuf et disposez 1 cuillerée à café de massepain (étape 2) au centre. Étalez l'excédent de pâte et découpez dedans 25 autres disques. Couvrez-en les disques garnis de massepain, en pinçant les bords pour les faire adhérer.

5 Badigeonnez ces chaussons de blanc d'œuf. Avec un couteau pointu, pratiquez une petite incision au sommet. Décorez d'amandes effilées, puis enfournez pendant 12 à 15 minutes. Quand les biscuits sont dorés, laissez-les tiédir 5 minutes sur les plaques avant de les mettre à refroidir sur une grille.

PRATIQUE Les chaussons au massepain se conservent à l'abri de l'air pendant 5 jours.

Anneaux au marsala et au fenouil

Pour 24 anneaux

375 g de farine ménagère
55 g de sucre en poudre
1 1/2 c. à c. de levure chimique
1 c. à s. de grains de fenouil
1 c. à c. de gros sel marin
80 ml de marsala doux
125 ml d'huile d'olive vierge extra
1 jaune d'œuf

1 Préchauffez le four à 180 °C. Beurrez légèrement une plaque de cuisson.

2 Mélangez la farine, le sucre, la levure, les grains de fenouil et le gros sel dans un saladier.

3 Fouettez le marsala, l'huile d'olive et 80 ml d'eau dans un autre saladier avant d'incorporer ce mélange aux ingrédients secs, sans cesser de fouetter pour obtenir une pâte homogène. Retournez-la sur une surface de travail (inutile de fariner car elle est peu collante) et divisez-la en deux, puis façonnez avec chaque pâton 12 boudins de 10 cm de long. Formez ensuite des anneaux en pressant bien les extrémités pour les faire adhérer. Disposez-les sur la plaque.

4 Mélangez le jaune d'œuf avec 1 cuillerée à soupe d'eau. Dorez-en les anneaux avant de les faire cuire au four pendant 20 minutes. Réduisez la température à 150 °C et laissez cuire encore 15 à 20 minutes, jusqu'à ce que les anneaux soient dorés et croustillants. Mettez-les à refroidir sur une grille.

PRATIQUE Ces anneaux se conservent pendant 2 semaines dans un récipient hermétique.

Tuiles au gingembre et au sésame

Pour 18 tuiles

40 g de beurre doux
40 g de sucre en poudre
2 c. à s. de sirop de glucose doré ou ambré
40 g de farine ménagère
1/2 c. à c. de gingembre moulu
1 c. à s. de cognac
2 c. à c. de jus de citron
1 c. à s. de graines de sésame grillées

1 Préchauffez le four à 190 °C. Beurrez 2 plaques de cuisson.

2 Mélangez dans une casserole le beurre, le sucre et le sirop de glucose. Faites chauffer délicatement jusqu'à ce que le beurre soit fondu et que le liquide soit lisse. Retirez aussitôt de la flamme. Tamisez la farine et le gingembre dans un saladier. Ajoutez-y le beurre fondu avec le cognac, le jus de citron et les grains de sésame. Remuez bien.

3 Versez la valeur de 1 cuillerée à café de pâte sur chaque plaque, en laissant assez d'espace autour pour permettre à la tuile de s'étaler. À la spatule, étirez la pâte pour former un disque de 10 cm de diamètre. Enfournez pendant 3 à 4 minutes, jusqu'à ce que les bords des tuiles commencent à brunir. Sortez-les alors du four.

4 Laissez-les tiédir pendant 1 minute. En travaillant rapidement avec un couteau-palette, décollez les tuiles chaudes des plaques et déposez-les sur un rouleau à pâtisserie. Laissez-les refroidir complètement, puis retirez-les de ce support. Répétez l'opération avec le reste de la pâte.

PRATIQUE Il est conseillé de déguster ces tuiles le jour même.

Biscuits à l'avoine

Pour 30 à 32 biscuits

400 g de flocons fins d'avoine
100 g de son
1 c. à c. de levure chimique
60 g de beurre fondu

1 Préchauffez le four à 200 °C. Beurrez légèrement 2 plaques de cuisson.

2 Mélangez les flocons d'avoine, le son, la levure chimique et 1 cuillerée à café de sel dans un saladier. Creusez un puits au centre et, avec une cuillère en bois, incorporez le beurre fondu et 250 ml d'eau pour former une pâte ferme et légèrement collante.

3 Transférez-la sur une surface de travail légèrement farinée et pétrissez jusqu'à ce qu'elle soit lisse. Abaissez-la ensuite à une épaisseur de 2 mm et, avec un emporte-pièce rond de 7 cm, découpez des disques de pâte. Récupérez les chutes pour faire les derniers disques ; vous devez en obtenir une trentaine.

4 Transférez-les sur la plaque de cuisson et faites-les cuire 18 à 20 minutes au four, jusqu'à ce que le rebord soit légèrement brun. Laissez-les tiédir sur la plaque pendant 5 minutes, puis transférez-les sur une grille.

PRATIQUE Ces biscuits se conservent à l'abri de l'air pendant 1 semaine. Ils sont parfaits pour un goûter ou un petit déjeuner énergétique.

Macarons à la noix de coco

Pour 64 macarons environ

4 blancs d'œufs légèrement battus
450 g de sucre en poudre
1 1/2 c. à s. de sirop de glucose
1 1/2 c. à c. d'extrait naturel de vanille
180 g de noix de coco en poudre
125 g de farine ménagère

1 Fouettez les blancs d'œufs, le sucre et le sirop de glucose dans un grand saladier résistant à la chaleur. Quand le mélange est homogène, faites-le tiédir au bain-marie, au-dessus d'une casserole d'eau frémissante, sans cesser de fouetter. Retirez la casserole du feu pour incorporer l'extrait de vanille, la noix de coco et la farine, en fouettant toujours. Couvrez d'un film alimentaire et faites raffermir ce mélange au réfrigérateur.

2 Préchauffez le four à 150 °C. Chemisez de papier sulfurisé 2 plaques de cuisson.

3 Mouillez légèrement vos mains pour façonner avec le mélange à la noix de coco des petites boules d'une valeur de 1 cuillerée à café bombée de pâte. Écrasez-les légèrement avant de les disposer sur les plaques, en les espaçant. Enfournez pendant 15 minutes jusqu'à ce que les macarons soient légèrement dorés, en intervertissant les plaques à mi-cuisson. Laissez-les tiédir 5 minutes sur les plaques, avant de les mettre à refroidir sur une grille.

PRATIQUE Les macarons se conservent à l'abri de l'air pendant 1 semaine et peuvent être congelés pendant 8 semaines. Les plaques doivent être assez grandes pour permettre aux macarons de gonfler.

Meringues fourrées aux framboises

Pour 30 meringues

4 blancs d'œufs
235 g de sucre en poudre
1 c. à s. d'eau de rose
quelques gouttes de colorant alimentaire rouge (facultatif)
du sucre glace pour décorer

Pétales de roses cristallisés (facultatif)
2 à 3 boutons de roses rouges ou roses non traités
1 blanc d'œuf légèrement battu
115 g de sucre en poudre

Crème aux framboises
300 ml de crème fraîche
1 c. à s. de sucre glace tamisé
100 g de framboises fraîches ou surgelées (décongelées)

Disposez des petits tas de meringue
à l'intérieur des disques dessinés.

Badigeonnez légèrement de blanc d'œuf
chaque face du pétale.

1 Préchauffez le four à 120 °C. Chemisez 2 plaques de cuisson de papier sulfurisé et tracez 30 disques de 3 cm de diamètre sur chaque feuille.

2 Battez les blancs d'œufs en neige ferme dans un saladier propre et sec. Ajoutez graduellement le sucre en poudre en fouettant bien après chaque addition. Continuez de travailler jusqu'à ce que le mélange soit ferme et brillant. Ajoutez enfin l'eau de rose et le colorant alimentaire (facultatif).

3 Transférez une partie du mélange dans une poche à douille munie d'un embout standard de 1 cm et déposez des petits tas de meringue à l'intérieur des cercles dessinés. Répétez l'opération jusqu'à ce qu'il ne reste plus de blanc en neige. Enfournez alors les meringues pendant 1 heure. Éteignez ensuite le four et laissez-les refroidir à l'intérieur, en gardant la porte entrouverte.

4 Pour confectionner les pétales cristallisés, détachez-les d'abord des fleurs. Servez-vous d'un petit pinceau pour les badigeonner un à un de blanc d'œuf (sur les deux faces). Passez-les aussitôt dans le sucre, puis laissez sécher. Si vous ne devez pas vous en servir aussitôt, conservez ces pétales dans une boîte étanche.

5 Pour la crème aux framboises, fouettez la crème et le sucre glace jusqu'à ce que le mélange soit épais. Ajoutez les framboises. Assemblez les meringues deux à deux en les garnissant de crème à la framboise puis déposez-les délicatement sur un plat de présentation. Décorez de pétales de rose et saupoudrez de sucre glace.

PRATIQUE Les meringues non fourrées peuvent se garder 2 semaines dans un récipient hermétique. Garnies de crème, il faut les déguster le jour-même.

Biscuits de polenta à l'orange

Pour 20 à 22 biscuits

125 g de beurre doux ramolli
80 g de sucre en poudre
1 c. à c. d'eau de fleur d'oranger
le zeste finement râpé de 1 orange
2 œufs légèrement battus
165 g de farine ménagère
80 g de polenta

1 Préchauffez le four à 200 °C. Chemisez 2 plaques de cuisson de papier sulfurisé.

2 Mettez le beurre, le sucre, l'eau de fleur d'oranger et le zeste d'orange dans le bol d'un robot ménager et travaillez jusqu'à ce que le mélange soit léger et crémeux. Ajoutez les œufs et continuez de battre pour obtenir une préparation lisse. Incorporez enfin la farine et la polenta en travaillant par brèves impulsions, jusqu'à ce qu'une pâte collante se forme.

3 Transférez-la dans une poche à douille munie d'un embout de 2 cm en forme d'étoile. Formez sur les plaques des petits croissants de 7 cm de long et faites-les cuire 15 minutes au four. Laissez-les tiédir avant de les mettre sur une grille pour les faire refroidir complètement.

PRATIQUE Ces biscuits se conservent à l'abri de l'air pendant 3 jours.

Tuiles à l'anis

Pour 48 tuiles

250 g de farine ménagère
1 c. à c. de levure chimique
50 g de sucre en poudre
60 g de margarine réfrigérée
1 c. à s. de graines d'anis
légèrement grillées

1 Préchauffez le four à 180 °C. Beurrez légèrement 2 plaques de cuisson. Tamisez la farine, la levure et 1 cuillerée à café de sel dans un récipient. Ajoutez le sucre, puis la margarine, en travaillant avec les doigts pour que la pâte ait la consistance d'une chapelure. Incorporez enfin les graines d'anis. Creusez un puits au centre et versez graduellement 125 ml d'eau en remuant avec une cuillère en bois. Pétrissez ensuite la pâte sur une surface de travail légèrement farinée pour la rendre lisse. Couvrez d'un film alimentaire et réfrigérez pendant 30 minutes.

2 Divisez la pâte en quatre et abaissez chaque portion à 1 mm d'épaisseur, sur le plan de travail fariné. Découpez dans chaque portion 12 rectangles de 5 cm de large. Faites-les cuire en plusieurs fournées sur les plaques de cuisson, 10 à 12 minutes environ, jusqu'à ce que les tuiles soient légèrement dorées. Mettez-les à refroidir sur une grille.

PRATIQUE Pour faire griller les graines d'anis, mettez-les dans une poêle anti-adhésive, sans matière grasse. Surveillez-les attentivement car elles peuvent très vite brûler. Ces tuiles se gardent 1 semaine dans un récipient hermétique.

Mendiants
au chocolat

Pour 40 mendiants

200 g de chocolat noir
60 g de beurre doux en dés
170 g de sucre en poudre
1 c. à s. de sirop de glucose
ambré ou doré
1 1/2 c. à c. d'extrait naturel de vanille
155 g de raisins secs
200 g de cacahuètes grillées
grossièrement hachées
40 g de farine ménagère
2 c. à s. de cacao en poudre non sucré

1 Préchauffez le four à 170 °C. Beurrez légèrement 2 plaques de cuisson.

2 Hachez grossièrement 80 g de chocolat et mettez-le dans un saladier résistant à la chaleur. Ajoutez le beurre, le sucre, le sirop de glucose et l'extrait de vanille, puis faites chauffer ce mélange au bain-marie, au-dessus d'une casserole d'eau frémissante, pour obtenir une sauce onctueuse et lisse. Veillez à ce que la base du saladier ne touche pas l'eau. Laissez tiédir légèrement.

3 Hachez grossièrement le reste du chocolat et mettez-le dans un saladier avec les raisins secs et les cacahuètes grillées. Tamisez la farine et le cacao sur ce mélange et remuez. Versez enfin le chocolat fondu en travaillant les ingrédients avec une cuillère en bois pour obtenir une pâte épaisse.

4 Prélevez 1 cuillerée à soupe de pâte pour former une boulette grossière et aplatissez-la sur une plaque. Répétez l'opération jusqu'à ce qu'il ne reste plus de pâte, en laissant un espace de 4 cm entre les boulettes. Faites-les cuire 15 minutes au four, en intervertissant les plaques à mi-cuisson ; les biscuits doivent être fermes et avoit perdu leur brillant. Laissez-les tiédir sur les plaques pendant 5 minutes, puis posez-les délicatement sur une grille pour les faire refroidir.

PRATIQUE Ces mendiants se conservent 1 semaine à l'abri de l'air. Ils peuvent être congelés pendant 8 semaines.

Biscuits
au chocolat
et à la cannelle

Pour 32 biscuits

125 g de beurre doux ramolli
115 g de sucre en poudre
1 œuf légèrement battu
1/2 c. à c. d'extrait naturel de vanille
225 g de farine ménagère
30 g de cacao en poudre non sucré
1/2 c. à c. de levure chimique
2 c. à c. de cannelle moulue
mélangée avec 1 c. à s. de sucre
en poudre
1 blanc d'œuf
1 c. à c. de cannelle moulue

1 Préchauffez le four à 190 °C. Beurrez légèrement 2 plaques de cuisson.

2 Travaillez en crème le beurre et le sucre jusqu'à ce que le mélange blanchisse, puis incorporez l'œuf et l'extrait de vanille en fouettant toujours. Tamisez la farine, le cacao, la levure et la cannelle dans un saladier. Avec une cuillère en bois, incorporez-les au beurre fouetté jusqu'à obtention d'une pâte souple. Couvrez d'un film alimentaire et réfrigérez pendant 30 minutes.

3 Abaissez la pâte sur une épaisseur de 5 mm, entre deux feuilles de papier sulfurisé, puis découpez-y les lettres de l'alphabet.

4 Fouettez le blanc d'œuf à la fourchette jusqu'à ce qu'il mousse, puis réservez. Mélangez le sucre en supplément et la cannelle dans un petit bol.

5 Dorez les biscuits avec le blanc d'œuf, puis saupoudrez-les de sucre à la cannelle. Faites-les cuire 10 minutes au four, jusqu'à ce qu'ils soient bruns. Laissez-les tiédir sur la plaque pendant 2 minutes avant de les mettre à refroidir sur une grille.

PRATIQUE Ces biscuits se conservent 1 semaine à l'abri de l'air.

Les barres
et les carrés

Des gourmandises à découper

Entre biscuits et gâteaux, les barres et les carrés sont une combinaison d'ingrédients cuits au four sur une plaque, que l'on découpe avant de servir. L'une des plus célèbres confections de cette espèce, désormais universellement connue et appréciée, est un classique américain : le brownie au chocolat, apparu vers 1890 aux États-Unis. À cette date, il ne contenait pas encore de chocolat, et c'est à la mélasse qu'il doit sans doute son nom, en raison de la teinte sombre qu'elle donnait à la pâte. Les barres et carrés sont populaires dans de nombreuses cultures du monde.

En Australie, le lamington au moka, gainé de chocolat et saupoudré de noix de coco, est un grand favori. Les Écossais préparent parfois leurs sablés sur une plaque rectangulaire, avant de les servir en tranches, comme le font les Anglais avec leurs pains d'épices denses et moelleux. Les délicieuses friandises aux noix mais sans farine dont se délectent le Moyen-Orient et les pays à l'est de la Méditerranée se cuisent sur de larges plaques avant d'être imbibées de sirop quand elles sont encore chaudes. Elles sont ensuite découpées en losanges et savourées avec un café noir.

De nombreuses variations

Barres et carrés sont toujours cuits dans des moules à gâteau peu profonds, carrés ou rectangulaires. La barre, à mi-chemin entre biscuit, pâtisserie et gâteau, peut être composée d'une pâte simple versée dans un moule, enfournée, refroidie, puis découpée. Elle peut aussi se révéler plus complexe : une superposition de couches cuites ensemble ou séparément, avec ou sans fond, le gâteau pouvant ensuite être glacé ou imbibé de sirop aromatique. La pâte sablée offre une base croustillante à de nombreuses garnitures crémeuses ou parfumées au caramel, ou encore à des fruits pochés répartis sous le nuage d'une meringue. D'autres proposent une fragile couche de fruits entre deux génoises aériennes, le tout ne pouvant évidemment pas se passer d'une somptueuse cuillerée de crème fraîche… Les barres incluent aussi parfois des noisettes et autres fruits secs ou frais, pour remplir des objectifs plus diététiques.

Quels qu'en soient les ingrédients ou la forme finale, le principe des barres et carrés reste immuable. Dans un premier temps, on chemise de papier sulfurisé une plaque de cuisson, un moule à cake ou un moule à flan. Une fois la pâte cuite et refroidie, on la démoule et on la découpe selon les formes désirées : tranches, losanges, carrés, etc.

Rappelant les gâteaux par bien des aspects, les barres se consomment comme délicieux en-cas au milieu de la matinée ou accompagnent le thé de l'après-midi. Garnies d'une cuillerée de crème fouettée ou servies avec un peu de crème à la vanille, elles constituent de merveilleux desserts. Les parfums en sont variés et les textures diverses : on en trouve de moelleuses, d'autres denses ; certaines sont souples, d'autres croustillantes. En tout état de cause, elles fournissent toujours et avant tout un somptueux interlude sucré.

Astuces

- Choisissez des moules non adhésifs robustes et de bonne qualité. Employez toujours la taille recommandée par la recette pour garantir l'exactitude des temps de cuisson.

- Chemisez vos plaques et vos moules de papier sulfurisé de telle sorte que ce dernier dépasse un peu sur les côtés. Il sera plus facile de démouler la pâte cuite pour la découper.

- Si vous vous servez d'un robot ménager pour préparer la pâte, ne l'employez que pour incorporer le corps gras à la farine. Après ajout de liquide, ne donnez que quelques brèves pulsions, jusqu'à ce que le mélange commence à se former, avant de le transférer sur une surface de travail et de le façonner rapidement en boule. Il est important de ne pas trop travailler ce type de pâte, au risque de la rendre caoutchouteuse une fois cuite.

- Pour travailler une pâte très molle, étalez-la entre deux feuilles de papier sulfurisé, de manière à l'empêcher de coller à la surface de travail.

- Quand la pâte est beaucoup trop molle pour être correctement abaissée au rouleau, mettez-la directement en forme dans le moule, en travaillant avec les doigts. Une fois qu'elle est bien en place sur la base et les parois, servez-vous du dos d'une cuillère pour lisser sa surface de manière aussi uniforme que possible.

- Lorsque les barres sont composées de plusieurs couches, il importe de bien attendre que chacune ait complètement refroidi avant d'ajouter la suivante.

- Si vous êtes pressé, confectionnez votre gâteau en deux étapes. Après avoir foncé la pâte dans le moule, réfrigérez-le pendant toute une nuit sous un film alimentaire, le tout étant alors prêt à cuire le lendemain.

- Ne glacez les gâteaux à découper que lorsqu'ils sont complètement refroidis. Laissez ensuite prendre le glaçage ou la garniture avant de les découper en barres, carrés, losanges, etc.

- Si vous ne posez pas de glaçage, attendez quand même là aussi le complet refroidissement de la pâte avant de découper le gâteau.

- Si la pâte cuite reste collante et donc difficile à découper, passez la lame du couteau dans de l'eau bouillante.

Carrés meringués aux abricots

Pour 24 carrés

250 g de farine ménagère
1 $^1/_2$ c. à c. de cannelle moulue
60 g de sucre glace
200 g de beurre doux en dés

Garniture aux abricots
200 g d'abricots secs
80 g de sucre glace

Meringue
2 blancs d'œufs
80 g de sucre en poudre
115 g de noix de coco en poudre

Égalisez la pâte dans le moule
en travaillant avec le dos d'une cuillère.

Répartissez le mélange aux abricots refroidi
sur la base cuite.

1 Préchauffez le four à 180 °C. Beurrez légèrement un moule rectangulaire de 20 × 30 cm ; chemisez le fond et les grands côtés de papier sulfurisé, en laissant ce dernier dépasser du moule.

2 Mélangez la farine, la cannelle et le sucre glace dans le bol d'un robot ménager. Ajoutez le beurre et donnez quelques brèves impulsions pour que la pâte forme une chapelure. Mouillez avec 1 à 2 cuillerées à soupe d'eau en battant le mélange jusqu'à ce qu'il commence à former une pâte ; ne pétrissez pas trop. En vous aidant du dos d'une cuillère, abaissez la pâte dans le moule. Réfrigérez pendant 20 minutes.

3 Faites cuire la pâte pendant 15 à 20 minutes, jusqu'à ce qu'elle soit dorée. Retirez du four et laissez refroidir.

4 Pendant ce temps, préparez la garniture. Mettez les abricots, le sucre glace et 250 ml d'eau dans une petite casserole. Faites d'abord chauffer à feu moyen jusqu'à ce que le sucre soit dissous, puis réduisez la flamme et laissez mijoter pendant 12 minutes, jusqu'à ce que le mélange épaississe. Retirez la casserole du feu. Attendez que la préparation soit complètement refroidie pour l'étaler sur la pâte cuite.

5 Pour la meringue, fouettez les blancs d'œufs en neige dans un saladier propre et sec. Ajoutez graduellement le sucre, en fouettant bien après chaque addition. Continuez de fouetter jusqu'à ce que le mélange soit ferme et luisant. Incorporez enfin la noix de coco. Répartissez cet appareil sur les abricots. Remettez le gâteau au four pendant 15 minutes, jusqu'à ce que la meringue soit juste ferme au toucher. Laissez refroidir complètement avant de couper en carrés de 5 cm.

PRATIQUE Ces carrés meringués se conservent 4 jours à l'abri de l'air.

Carrés aux dattes et à la cannelle

Pour 36 carrés

600 g de dattes dénoyautées et hachées
1 c. à c. de levure chimique
125 g de beurre doux en dés
155 g de cassonade
2 œufs
125 g de farine ménagère
60 g de farine à levure incorporée
1 c. à c. de cannelle moulue
60 g de sucre glace

1 Préchauffez le four à 180 °C. Beurrez légèrement un moule carré de 23 cm de côté ; chemisez le fond de papier sulfurisé. Versez les dattes et 500 ml d'eau dans une casserole avant de porter à ébullition. Retirez de la flamme pour incorporer la levure ; mélangez bien. Laissez refroidir à température ambiante.

2 Travaillez en crème le beurre et le sucre jusqu'à ce que le mélange blanchisse. Ajoutez les œufs un à un, en travaillant bien après chaque addition. Tamisez les farines et la moitié de la cannelle dans un saladier, puis incorporez-les au beurre fouetté, en alternant avec les dattes. Répartissez la pâte dans le moule. Enfournez pendant 55 à 60 minutes. Pour vérifier la cuisson, piquez le centre avec une brochette : elle doit ressortir propre. Laissez reposer le gâteau pendant 5 minutes avant de le démouler sur une grille pour le faire refroidir.

3 Découpez-le en carrés que vous déposerez sur du papier sulfurisé beurré. Tamisez le reste de la cannelle et le sucre glace dans un bol avant d'en saupoudrer les carrés. Servez immédiatement.

PRATIQUE Ces carrés se conservent à l'abri de l'air pendant 4 jours. Ils peuvent aussi être congelés pendant 3 mois. Saupoudrez-les de sucre et de cannelle au dernier moment.

Carrés aux amandes et au miel

Pour 36 carrés environ

215 g de farine ménagère
150 g de beurre doux en dés
90 g de sucre glace
1 œuf légèrement battu

Fourrage
125 g de beurre doux
125 g de sucre glace
2 œufs
30 g de farine ménagère
155 g d'amandes en poudre

Garniture
90 g de beurre doux en dés
80 g de sucre glace
1 1/2 c. à s. de miel
125 g d'amandes effilées

1 Préchauffez le four à 180 °C. Beurrez légèrement un moule rectangulaire de 20 x 30 cm ; chemisez le fond de papier sulfurisé, en laissant la feuille dépasser des bords les plus longs.

2 Pour la base, versez la farine, le beurre et le sucre glace dans un robot ménager et travaillez jusqu'à ce que le mélange ressemble à de la chapelure fine. Ajoutez l'œuf et pétrissez légèrement pour obtenir une pâte souple. Étalez-la à la main dans le moule (farinez d'abord vos mains pour éviter que la pâte ne colle). Enfournez pendant 10 minutes, jusqu'à ce que la pâte soit légèrement dorée. Laissez tiédir quelques minutes.

3 Pour le fourrage, travaillez en crème le beurre et le sucre jusqu'à ce que le mélange blanchisse. Ajoutez les œufs un à un, en battant bien après chaque addition. Incorporez la farine et les amandes en poudre, puis étalez cette préparation sur la pâte tiède. Enfournez à nouveau le gâteau pendant 16 à 18 minutes, jusqu'à ce qu'il soit doré et ferme au toucher. Laissez-le refroidir.

4 Pour la garniture, placez le beurre, le sucre, le miel et les amandes dans une casserole. Remuez sur feu doux jusqu'à dissolution du sucre. Augmentez la flamme, puis laissez bouillir 3 minutes, jusqu'à ce que le mélange se détache des parois. En opérant rapidement avec une spatule de métal huilée, étalez ce mélange sur le gâteau.

5 Remettez ce dernier au four pendant 10 minutes, jusqu'à ce qu'il soit d'un brun doré. Laissez-le refroidir dans le moule avant de le découper en carrés.

PRATIQUE Ces carrés se conservent à l'abri de l'air pendant 3 jours.

Farinez vos mains
pour presser fermement la pâte
dans le moule.

Étalez le mélange d'amandes
sur le fourrage
en travaillant vite.

Brownies aux noix de cajou

Pour 25 brownies

300 g de chocolat noir haché
175 g de beurre doux en dés
2 œufs
230 g de cassonade
40 g de cacao en poudre non sucré
125 g de farine ménagère
80 g de noix de cajou grillées
et hachées

Glaçage
200 g de chocolat noir haché
125 g de crème fraîche
30 g de sucre glace tamisé

1 Préchauffez le four à 160 °C. Beurrez légèrement un moule carré de 23 cm de côté ; chemisez le fond de papier sulfurisé.

2 Dans un saladier résistant à la chaleur, mélangez 200 g de chocolat haché et le beurre. Faites fondre le tout au bain-marie, au-dessus d'une casserole d'eau frémissante, puis laissez refroidir à température ambiante. Veillez à ce que la base du saladier ne touche pas l'eau.

3 Fouettez les œufs et le sucre dans un grand saladier pendant 5 minutes, jusqu'à ce que le mélange blanchisse. Ajoutez alors délicatement le chocolat fondu (il doit être tiède), puis le cacao et la farine préalablement tamisés. Incorporez enfin les noix de cajou et le reste du chocolat, puis versez la pâte dans le moule en lissant la surface. Enfournez pendant 30 à 35 minutes jusqu'à ce que la pâte soit presque ferme au toucher (le centre des brownies va s'affermir en refroidissant). Laissez refroidir.

4 Pour le glaçage, faites fondre le chocolat au bain-marie, dans un saladier résistant à la chaleur. Remuez sans cesse. Quand le chocolat est fondu, laissez-le tiédir un peu hors du feu, puis ajoutez la crème fraîche et le sucre glace. Mélangez soigneusement. Répartissez ce glaçage sur le gâteau complètement froid. Laissez reposer quelques heures ou toute la nuit, avant de le découper en carrés.

PRATIQUE Les brownies se conservent 5 jours à l'abri de l'air. Ils peuvent être congelés 3 mois sans leur glaçage.

Pavés de semoule au citron

Pour 25 pavés

55 g d'amandes en poudre
170 g de yaourt nature
200 g de sucre en poudre
125 g de beurre doux fondu
1/2 c. à c. d'extrait naturel de vanille
2 œufs légèrement battus
185 g de semoule
1 c. à c. de levure chimique
2 c. à s. de pistaches
grossièrement hachées

Sirop au citron
170 g de sucre en poudre
1 c. à c. de zeste de citron
finement râpé
1 c. à s. de jus de citron

1 Préchauffez le four à 180 °C. Beurrez légèrement un moule carré de 23 cm de côté ; chemisez le fond de papier sulfurisé.

2 Pour le sirop, mélangez le sucre, le zeste et le jus de citron dans une casserole avec 125 ml d'eau. Portez à ébullition et laissez frémir 10 minutes sans remuer. Laissez refroidir, puis passez au chinois.

3 Étalez les amandes en poudre dans une petite poêle et remuez sur feu moyen pendant 3 à 5 minutes, jusqu'à ce que la poudre brunisse légèrement. Retirez du feu et laissez refroidir.

4 Battez le yaourt et le sucre dans un saladier, puis ajoutez le beurre, l'extrait de vanille et les œufs. Mélangez la semoule et la levure dans un autre saladier, avant de les incorporer au mélange au yaourt. Ajoutez les amandes grillées et les pistaches, puis étalez la pâte dans le moule. Faites cuire 35 minutes au four. Pour vérifier la cuisson, piquez le centre avec une brochette : elle doit ressortir propre.

5 Versez le sirop tiède sur le gâteau chaud. Laissez refroidir complètement dans le moule avant de découper en carrés.

PRATIQUE Ces pavés se conservent à l'abri de l'air pendant 3 jours.

Pavés aux fruits confits

Pour 20 pavés

60 g de farine ménagère
2 c. à s. de farine à levure incorporée
2 c. à s. de sucre glace
60 g de beurre doux en dés
1 jaune d'œuf

Garniture
350 g de fruits confits mélangés (ananas, abricot, pêche, poire)
80 ml de cognac
175 g de beurre doux ramolli
115 g de sucre en poudre
2 c. à s. de miel
1 œuf
40 g de farine ménagère
40 g de farine à levure incorporée
80 g de noix macadamia grillées et hachées
du sucre glace pour décorer (facultatif)

1 Préchauffez le four à 180 °C. Beurrez légèrement un moule rectangulaire de 20 x 30 cm ; chemisez le fond de papier sulfurisé.

2 Mélangez les farines et le sucre glace dans un robot ménager. Ajoutez le beurre et mixez en donnant plusieurs impulsions brèves, jusqu'à obtention d'une pâte grumeleuse. Incorporez enfin le jaune d'œuf et 1 cuillerée à soupe d'eau avant de pétrir à nouveau. Couvrez la pâte et réfrigérez-la 30 minutes.

3 Abaissez la pâte entre deux feuilles de papier sulfurisé et foncez-en le moule.

4 Pour la garniture, recoupez si nécessaire les fruits en petits morceaux, puis faites-les tremper 1 heure dans le cognac en les couvrant d'un film alimentaire. Ils doivent avoir absorbé tout le liquide.

5 Travaillez en crème au fouet électrique le beurre, le sucre et le miel, jusqu'à ce que le mélange blanchisse. Versez l'œuf et battez soigneusement. Tamisez les farines dans un saladier, puis incorporez-les au beurre fouetté. Ajoutez enfin les fruits confits et les noix, puis étalez cette préparation sur la pâte. Faites cuire 30 à 35 minutes au four, jusqu'à ce que le gâteau soit bien doré. La garniture sera peut-être souple au toucher mais elle deviendra plus ferme en refroidissant. Laissez tiédir le gâteau avant de le démouler pour le couper en rectangles. Saupoudrez de sucre glace avant de servir.

PRATIQUE Ces pavés aux fruits confits se conservent 4 jours dans un récipient fermé. Ils se gardent 3 mois au congélateur. Vous pouvez utiliser d'autres mélanges de fruits que ceux suggérés dans la liste des ingrédients.

Découpez les fruits confits
en petits morceaux.

Ajoutez à la pâte
les fruits confits et les noix.

Sablés aux poires et à la cardamome

Pour 20 sablés

250 g de poires séchées
1 c. à s. de sucre en poudre
275 g de beurre doux en dés
140 g de cassonade
80 g de sucre glace
3 œufs
280 g de farine ménagère
1 c. à c. de levure chimique
1 c. à c. de cardamome moulue
du sucre glace pour décorer

1 Préchauffez le four à 180 °C. Beurrez légèrement un moule rectangulaire peu profond de 20 x 30 cm ; chemisez-le de papier sulfurisé en laissant ce dernier déborder sur les grands côtés.

2 Mettez les poires dans un saladier, couvrez-les d'eau bouillante et laissez gonfler pendant plusieurs heures. Égouttez-les en réservant 125 ml de liquide. Mélangez les poires, le sucre et le liquide réservé dans une casserole. Faites dissoudre le sucre à feu doux, puis laissez frémir 5 minutes à couvert pour attendrir les poires.

3 Travaillez en crème le beurre et les sucres au fouet électrique, jusqu'à ce que le mélange blanchisse. Ajoutez les œufs un à un en battant bien après chaque addition. Tamisez la farine, la levure et la cardamome sur cette préparation, puis remuez avec une cuillère en bois pour obtenir une pâte homogène. Étalez-en la moitié au fond du moule, garnissez de poires égouttées et couvrez avec le reste de pâte.

4 Enfournez 40 à 45 minutes. Pour vérifier la cuisson, piquez le centre avec une brochette : elle doit ressortir propre. Laissez tiédir le gâteau avant de le démouler. Saupoudrez-le de sucre glace et coupez-le en rectangles.

PRATIQUE Ces sablés aux poires se conservent 3 jours dans un endroit frais, à l'abri de l'air.

Pavés aux amandes et aux agrumes

Pour 12 pavés

30 g de farine de riz
40 g de Maïzena
60 g d'amandes en poudre
2 c. à s. de sucre glace
60 g de beurre doux en dés

Garniture
1 petite orange
1 œuf, jaune et blanc séparés
55 g de sucre en poudre
80 g d'amandes en poudre
1 c. à s. de sucre glace

Glaçage au citron
90 g de sucre glace
1 c. à c. de beurre doux
1 à 1 1/2 c. à s. de jus de citron

Beurrez un moule cannelé
rectangulaire à fond amovible.

Faites chauffer le glaçage au bain-marie
jusqu'à ce qu'il soit lisse.

1 Préchauffez le four à 180 °C. Beurrez légèrement un moule cannelé rectangulaire à fond amovible de 11 x 35 cm.

2 Mélangez la farine de riz, la Maïzena, les amandes et le sucre glace dans un robot ménager. Ajoutez le beurre et pétrissez brièvement jusqu'à obtention d'une pâte homogène. Étalez-la dans le moule et réfrigérez-la pendant 30 minutes.

3 Pendant ce temps, préparez la garniture. Mettez l'orange dans une petite casserole et recouvrez-la d'eau. Portez à ébullition, puis couvrez et laissez frémir 30 minutes. Quand le fruit devient très tendre, égouttez-le et laissez-le refroidir. Coupez-le ensuite en deux pour en retirer les pépins, puis mixez-le en purée lisse.

4 Fouettez le jaune d'œuf et le sucre dans un saladier pendant 5 minutes, jusqu'à ce que le mélange blanchisse. Ajoutez-y alors la purée d'orange avec les amandes. Au fouet électrique, battez le blanc d'œuf et le sucre glace en neige ferme avant de l'incorporer au mélange à l'orange. Étalez cette garniture dans le moule et faites cuire le gâteau 40 minutes au four. Laissez-le refroidir complètement avant de le démouler.

5 Pour le glaçage au citron, mélangez le sucre glace tamisé et le beurre dans un saladier allant au feu, puis versez suffisamment de jus de citron pour obtenir une pâte épaisse. Faites ramollir ce mélange au bain-marie, au-dessus d'une casserole d'eau frémissante. Quand il est assez souple pour être étalé, garnissez-en très rapidement le gâteau, puis laissez-le prendre à température ambiante. Pour servir, découpez des tranches de 2,5 cm.

PRATIQUE Ces pavés se conservent à l'abri de l'air pendant 4 jours.

Carrés au citron

Pour 24 carrés

Base
185 g de farine ménagère tamisée
60 g de sucre glace
180 g de beurre doux en dés

Garniture
6 œufs légèrement battus
460 g de sucre en poudre
2 c. à c. de zeste de citron
finement râpé
250 ml de jus de citron
60 g de farine ménagère
du sucre glace pour décorer

1 Préchauffez le four à 170 °C. Beurrez légèrement un moule rectangulaire de 20 × 30 cm ; chemisez le fond et les grands côtés de papier sulfurisé en le laissant déborder.

2 Pour la base, mélangez la farine et le sucre glace dans un saladier. Du bout des doigts, incorporez le beurre jusqu'à ce que la pâte ressemble à de la chapelure. Étalez-la dans le moule et faites-la cuire 25 minutes au four, jusqu'à ce qu'elle soit dorée et ferme au toucher. Réservez et laissez refroidir. Réduisez la chaleur du four à 160 °C.

3 Pour la garniture, fouettez les œufs et le sucre dans un saladier pendant 3 à 4 minutes, jusqu'à ce que le mélange blanchisse. Incorporez le zeste et le jus de citron, puis ajoutez la farine. Versez l'appareil sur la base et remettez le gâteau au four pendant 45 minutes, en le couvrant d'une feuille d'aluminium pendant les 20 dernières minutes de la cuisson. Laissez-le refroidir quelques minutes avant de le sortir du moule pour le découper en carrés de 5 cm. Saupoudrez de sucre glace avant de servir.

PRATIQUE Ces carrés se conservent 3 jours au réfrigérateur, dans un récipient hermétique.

Cheese-cakes aux raisins

Pour 25 cheese-cakes environ

Base
125 g de beurre doux en dés
70 g de sucre glace
185 g de farine ménagère tamisée

Garniture
250 ml de lait
30 g de beurre doux
150 g de fromage de chèvre frais émietté
100 g de fromage blanc
120 g de sucre en poudre
1 c. à c. de zeste de citron finement râpé
60 ml de jus de citron
30 g de Maïzena
60 g de raisins secs hachés
3 blancs d'œufs
du sucre glace pour décorer

1 Préchauffez le four à 180 °C. Beurrez légèrement un moule rectangulaire de 20 x 30 cm ; chemisez le fond de papier sulfurisé en laissant la feuille dépasser sur les grands côtés.

2 Pour la base, travaillez en crème le beurre et le sucre glace jusqu'à ce que le mélange blanchisse. Ajoutez la farine et continuez de battre jusqu'à ce qu'une pâte se forme. Étalez-la à la main dans le moule et faites-la cuire 15 à 20 minutes au four, jusqu'à ce qu'elle soit dorée et ferme au toucher. Laissez refroidir.

3 Pour la garniture, mélangez dans une casserole le lait, le beurre, le fromage de chèvre, le fromage blanc, 40 g de sucre en poudre, le zeste et le jus de citron. Remuez sur feu moyen pendant 5 minutes, jusqu'à ce que le mélange soit lisse. Dans un bol, délayez la Maïzena dans 60 ml d'eau froide, puis versez-la dans la casserole. Portez à ébullition sans cesser de remuer, puis laissez épaissir 3 à 4 minutes. Retirez la casserole du feu pour y ajouter les raisins. Réservez.

4 Fouettez en neige ferme les blancs d'œufs dans un saladier propre et sec. Ajoutez graduellement le reste du sucre, en fouettant bien après chaque addition. Continuez de fouetter jusqu'à ce que le mélange soit ferme et brillant. Incorporez-le en deux fois au mélange aux raisins avant d'étaler la préparation dans le moule, sur la base refroidie. Enfournez 25 à 30 minutes, jusqu'à ce que la garniture soit ferme au toucher et d'un brun doré. Laissez le gâteau refroidir complètement avant de le sortir du moule. Découpez-le en losanges. Saupoudrez de sucre glace avant de servir.

PRATIQUE Utilisez de préférence du jus de citron fraîchement pressé plutôt que les préparations du commerce. Ces cheese-cakes ne se conservent pas.

Remuez sur feu doux
jusqu'à ce que le mélange soit lisse.

Quand la crème a épaissi,
retirez-la du feu pour y ajouter les raisins.

Pavés au caramel et au miel

Pour 20 pavés

Base

200 g de beurre doux en dés
310 g de farine ménagère
115 g de sucre en poudre
2 jaunes d'œufs légèrement battus

Garniture

2 x 400 g de lait condensé sucré
100 g de beurre doux en dés
115 g de miel

1 Préchauffez le four à 180 °C. Beurrez légèrement un moule rectangulaire de 20 x 30 cm ; chemisez le fond et les grands côtés de papier sulfurisé, en laissant ce dernier déborder.

2 Pour la base, versez tous les ingrédients à l'exception des jaunes d'œufs dans un robot ménager et fouettez jusqu'à ce que le mélange forme une chapelure fine. Ajoutez les jaunes d'œufs avec 1 à 2 cuillerées à soupe d'eau froide et continuez de battre pour obtenir une pâte homogène. Versez au besoin un peu d'eau, mais ne travaillez pas trop longtemps la pâte. Étalez-en la moitié dans le moule et faites-la cuire 12 à 15 minutes au four, jusqu'à ce qu'elle soit dorée et ferme au toucher. Enveloppez le reste de pâte dans un film alimentaire et mettez-la au réfrigérateur pour la faire raffermir.

3 Pour la garniture, mélangez le lait condensé et le beurre dans une casserole à fond épais. Faites fondre le beurre à feu doux en remuant, puis laissez épaissir 5 à 8 minutes à feu moyen, sans cesser de mélanger. Ajoutez le miel hors du feu. Laissez refroidir le mélange avant de l'étaler sur la base de pâte.

4 Râpez le reste de pâte froide sur ce caramel pour le couvrir, puis enfournez 20 à 30 minutes, jusqu'à ce que le gâteau soit doré. Laissez-le refroidir complètement avant de le sortir du moule pour le découper en rectangles.

PRATIQUE Ces pavés se conservent à l'abri de l'air pendant 3 jours.

Lamingtons au moka

Pour 25 lamingtons

125 g de beurre doux ramolli et en dés
230 g de sucre en poudre
1/2 c. à c. d'extrait naturel de vanille
2 œufs
250 g de farine à levure incorporée
250 ml de lait
2 c. à s. de café en poudre instantané
délayés dans 2 c. à c. d'eau bouillante

Glaçage
375 g de sucre glace
60 g de cacao en poudre
20 g de beurre doux
2 c. à c. de café en poudre instantané
150 g de noix de coco râpée

Plongez les carrés un à un dans le glaçage
au chocolat.

Retournez-les ensuite plusieurs fois
dans la noix de coco.

1 Préchauffez le four à 180 °C. Beurrez légèrement le fond d'un moule carré peu profond de 23 cm et chemisez-le de papier sulfurisé.

2 Travaillez en crème le beurre, le sucre et l'extrait de vanille jusqu'à ce que le mélange blanchisse. Ajoutez les œufs un à un, en battant bien après chaque addition. Tamisez la farine dans un saladier, puis incorporez-la au beurre fouetté, en alternant avec le lait. Quand le mélange est lisse, étalez-en la moitié dans le moule. Parfumez l'autre moitié avec le café soluble avant de l'étaler elle aussi dans le moule.

3 Enfournez pendant 30 à 35 minutes. Pour vérifier la cuisson, piquez le centre avec une brochette : elle doit ressortir propre. Laissez tiédir pendant 5 minutes avant de retourner le gâteau sur une grille. Attendez qu'il soit complètement refroidi pour le découper en 25 carrés.

4 Pour le glaçage, tamisez le sucre glace et le cacao dans une assiette creuse. Ajoutez le beurre et le café avant de verser 150 ml d'eau bouillante. Fouettez jusqu'à ce que le mélange soit lisse. Étalez la noix de coco dans une autre assiette creuse.

5 En vous aidant de deux cuillères, plongez les carrés dans le glaçage, laissez s'écouler l'excédent, puis retournez-les plusieurs fois dans la noix de coco râpée. Quand le glaçage commence à épaissir, ajoutez un peu d'eau bouillante.

PRATIQUE Préparez le gâteau la veille pour qu'il se découpe facilement, sans s'émietter. Il peut se conserver 3 jours dans un récipient hermétique sans son glaçage. Une fois nappé de chocolat et enrobé de noix de coco, il doit se déguster dans la journée.

Pavés à la rhubarbe

Pour 25 pavés environ

300 g de rhubarbe nettoyée et coupée
en tranches de 5 mm
340 g de sucre en poudre
185 g de beurre doux en dés
1/2 c. à c. d'extrait naturel de vanille
3 œufs
90 g de farine ménagère
3/4 de c. à c. de levure chimique
du sucre glace pour décorer

1 Mélangez la rhubarbe et 110 g de sucre en poudre dans un saladier. Laissez reposer 1 heure en remuant de temps en temps. Égouttez soigneusement sans garder le liquide.

2 Préchauffez le four à 180 °C. Beurrez légèrement un moule rectangulaire peu profond de 20 × 30 cm. Chemisez le fond de papier sulfurisé en laissant la feuille déborder sur les grands côtés.

3 Travaillez en crème le beurre, le reste de sucre en poudre et l'extrait de vanille, jusqu'à ce que le mélange blanchisse. Ajoutez les œufs un à un, en battant bien après chaque addition. Tamisez la farine et la levure sur la préparation, puis mélangez. Répartissez la pâte dans le moule avant de la couvrir de rhubarbe.

4 Enfournez pendant 40 à 45 minutes, jusqu'à ce que le gâteau soit doré. Laissez-le tiédir avant de le sortir du moule pour le découper en carrés. Saupoudrez de sucre glace et servez tiède, avec de la crème fraîche.

PRATIQUE Il est conseillé de déguster ces pavés le jour même.

La pâtisserie

Du pain à la tarte

Si la pâtisserie est un assez voisine de la fabrication des pains et des gâteaux, elle leur est sans doute postérieure. Les Romains confectionnaient de fines feuilles d'une pâte rappelant la pâte à brick, qu'ils ne consommaient pas mais qui leur servait à prévenir le dessèchement des viandes durant la cuisson. C'est en Europe du Nord, au Moyen Âge, que l'on commence à produire les premières pâtisseries comestibles, avec des corps gras tels que beurre et saindoux. Mais ce n'est qu'au XVIe siècle que ces préparations entrent véritablement dans la tradition culinaire occidentale. Vers l'an 1420, un cuisinier français a le premier l'idée d'incorporer du beurre à de la farine et de l'eau pour former une pâte qui, une fois cuite, donne une pâtisserie croustillante rappelant celle que nous dégustons aujourd'hui. Au siècle suivant apparaissent des recettes spécifiques et, au milieu du XVIIIe siècle, la pâtisserie devient un art à part entière. Les pâtissiers français et suisses, particulièrement versés dans cette pratique, ouvrirent de nombreuses boutiques spécialisées, où ils faisaient étalage de leurs talents en de spectaculaires arrangements.

Toutes les pâtes

Les pâtisseries existent de nos jours sous mille formes, tailles et saveurs, et recourent également à des pâtes fort diverses pour servir de croûte à des garnitures tant sucrées que salées. Elles revêtent assurément de multiples aspects, mais toutes s'appuient sur les mêmes caractéristiques : elles sont à la fois fondantes et croustillantes, légères et crémeuses, appétissantes et délicates.

La réussite d'une bonne pâtisserie tient à la combinaison parfaite d'une croûte superbement friable et d'une garniture sublime. Nous nous servons de pâte pour confectionner des fonds de tarte, souvent cuits à blanc pour en garantir la tenue, comme des tourtes au beau dôme doré sous lequel se dissimule une masse de fruits merveilleusement fondants. Il existe encore d'extraordinaires petites friandises comportant des couches ou des épaisseurs de noix et d'épices, qui constituent de merveilleux en-cas ou de délicieuses entrées.

Le novice sera peut-être de prime abord effrayé à l'idée de préparer de la pâtisserie chez lui, mais tout se résume en fait à l'observation de quelques règles simples et à la bonne connaissance des ingrédients. Les recettes de cet ouvrage font usage de cinq pâtes différentes.

Pâte brisée C'est la plus simple. On la confectionne avec de la farine et du beurre, mouillés avec juste assez d'eau pour assurer le liant. Sa texture est légère et croustillante. Elle s'emploie dans les tartes sucrées comme dans les tartes salées.

Pâte brisée sucrée Cette pâte brisée enrichie d'œuf et de sucre ne s'emploie que pour les desserts. Les œufs ajoutent du moelleux à la pâte, tandis que le sucre adoucit l'ensemble et en renforce la friabilité. Cette pâte a une texture délicate qui rappelle le biscuit.

Pâte à choux On la confectionne dans une casserole, sur le feu, et on la bat fermement pour y incorporer de l'air. Comme il s'agit d'une pâte molle, on la répartit sur la plaque de cuisson au moyen d'une poche à douille ou d'une cuillère. Elle gonfle en cuisant, laissant se former sous la croûte une cavité que l'on peut garnir d'une préparation sucrée ou salée.

Pâte feuilletée et pâte à brick Comme la confection de ces pâtes est assez difficile dans un environnement domestique, toutes les recettes du livre recommandent de faire usage de produits du commerce (voir p. 243). La plupart des supermarchés les proposent le plus souvent congelés.

Les ingrédients

Farine

Le meilleur type de farine pour la confection des pâtes de pâtisserie est la farine ménagère. La farine de froment est la seule qui contienne suffisamment de gluten pour permettre à la pâtisserie de s'étirer dans le four (il ne faut pas que la pâte se rétracte à la cuisson). Selon les marques, certaines farines vont absorber différemment l'humidité. Ces variations existent aussi d'un paquet à l'autre. Partant de là, il est indispensable de verser l'eau très graduellement pour éviter de trop mouiller la farine. À l'inverse, si elle est trop sèche, il vous faudra augmenter la quantité d'eau.

Corps gras

Le beurre confère à la pâte son merveilleux arôme, en même temps qu'il lui donne son moelleux. Préférez le beurre doux, qui permet d'employer la pâte pour un mets sucré ou salé. Veillez à ce qu'il soit bien froid avant de confectionner une pâte brisée ou une pâte brisée sucrée.

Liquide

L'eau lie la farine et le beurre, en même temps qu'elle fournit l'humidité. Veillez à ce qu'elle soit réfrigérée avant de l'ajouter à votre pâte.

Œufs

Dans la confection des pâtes, on se sert d'œufs entiers ou de jaunes. Ces derniers confèrent richesse, couleur et texture à la pâte ; les œufs entiers lient la farine, ce qui la rend plus souple. Dans la pâte à choux, ils apportent de l'air et favorisent ainsi le gonflement.

Sucre

Le sucre assume dans la pâte deux fonctions : il l'adoucit et il renforce son caractère croustillant. Comme il caramélise à la cuisson, la pâte qui en contient risque de brûler si elle est laissée trop longtemps dans le four (surveillez donc attentivement la cuisson). Bien que l'on se serve le plus souvent de sucre en poudre dans la pâtisserie, on a parfois aussi recours au sucre glace, particulièrement dans les pâtes sucrées.

Pâte feuilletée du commerce

La pâte feuilletée est composée de plusieurs couches de pâte garnies de beurre. On la vend congelée en blocs ou en feuilles prêtes à dérouler. Décongelez la vôtre et étalez-la en suivant la recette. Les feuilles de pâte sont parfois séparables à l'état congelé, ce qui permet de n'employer que la quantité nécessaire à une recette donnée. Optez toujours pour des pâtes feuilletées pur beurre, dont le goût et la texture sont supérieurs à celles où figurent d'autres corps gras.

Pâte à brick du commerce

La pâte à brick (ou à filo) se trouve dans le commerce fraîche ou congelée ; on la vend en feuilles à dérouler. Si vous l'achetez congelée, vous devrez décongeler le paquet entier pour employer le nombre voulu de feuilles. Ces dernières risquent de se craqueler et de se déchirer si vous les laissez dessécher. Ne travaillez qu'une feuille à la fois en conservant les autres sous un linge propre et humide. Beurrez-la ou huilez-la immédiatement pour prévenir sa dessiccation.

Pâte brisée

Pour 350 g de pâte environ

200 g de farine ménagère tamisée
120 g de beurre doux en dés

1 Pour confectionner la pâte au robot ménager, versez la farine, le beurre et 1/4 de cuillerée à café de sel dans son bol. Ne vous servez que du bouton à pulsion pour pétrir le tout, jusqu'à ce que le mélange prenne l'aspect d'une chapelure grossière.

2 Ajoutez graduellement 60 ml d'eau glacée et travaillez par pulsions successives jusqu'à la formation d'une pâte, en veillant à ne pas trop pétrir. Si la pâte est sèche ou s'effrite, ajoutez un peu plus d'eau, 1 cuillerée à café à la fois. Dès la formation de la pâte, retournez-la sur une surface de travail légèrement farinée et étalez-la en forme de disque plat. Couvrez d'un film alimentaire et réfrigérez pendant 30 minutes.

3 Pour confectionner la pâte à la main, tamisez la farine et le sel dans un grand saladier, puis ajoutez le beurre. Émiettez ce dernier dans la farine avec le bout des doigts, jusqu'à ce que le mélange ressemble à une chapelure grossière. Creusez un puits au centre.

4 Versez 60 ml d'eau glacée dans le puits et travaillez avec un couteau à grosse lame pour incorporer l'eau. Lorsque le mélange commence à former des paquets, rassemblez-les au centre et déposez le tout sur une surface de travail légèrement farinée. Assemblez délicatement la pâte en boule, en la pétrissant légèrement si nécessaire, jusqu'à ce qu'elle soit souple. Aplatissez-la en forme de gros disque, recouvrez d'un film alimentaire et réfrigérez pendant 30 minutes. La pâte est désormais prête à l'emploi.

Avec le robot ménager,
pétrissez la pâte par de brèves impulsions.

Étalez-la en un disque plat
avant de la réfrigérer pendant 30 minutes.

Émiettez le beurre avec les ingrédients secs
pour obtenir une chapelure grossière.

Versez l'eau dans le saladier
et mélangez jusqu'à ce que la pâte se forme.

Pâte brisée sucrée

Pour 400 g de pâte environ

200 g de farine ménagère tamisée
85 g de sucre glace tamisé
100 g de beurre doux en dés
1 jaune d'œuf

1 Pour confectionner la pâte au robot ménager, versez la farine, le sucre glace, le beurre et 1 pincée de sel dans le bol. Battez par impulsions brèves jusqu'à ce que l'ensemble ressemble à une chapelure grossière.

2 Mélangez le jaune d'œuf et 1 cuillerée à soupe d'eau glacée dans un petit saladier. Versez dans la farine et battez à nouveau par impulsions brèves pour que la pâte se forme, en veillant à ne pas trop la pétrir. Si la pâte est sèche et s'émiette, ajoutez un peu plus d'eau, 1 cuillerée à café à la fois. Retournez-la sur une surface de travail légèrement farinée et abaissez-la en forme de gros disque plat. Couvrez d'un film alimentaire et réfrigérez pendant 30 minutes.

3 Pour confectionner la pâte à la main, tamisez la farine, le sucre glace et 1 pincée de sel dans un grand saladier, puis ajoutez le beurre. Émiettez ce dernier dans la farine avec le bout des doigts, jusqu'à ce que le mélange ressemble à une chapelure grossière. Creusez un puits au centre.

4 Mélangez le jaune d'œuf et 1 cuillerée à soupe d'eau glacée dans un petit saladier. Versez dans le puits et travaillez avec un couteau à grosse lame. Lorsque le mélange commence à former des paquets, rassemblez-les au centre et déposez le tout sur une surface de travail légèrement farinée. Pétrissez délicatement la pâte pour lui donner la forme d'une boule, puis abaissez-la ensuite en un gros disque plat. Couvrez d'un film alimentaire et réfrigérez pendant 30 minutes. La pâte est prête à l'emploi.

Pour foncer un moule,
abaissez la pâte, puis rabattez-la
sur le rouleau pour la soulever facilement.

Déroulez la pâte sur le moule
avant de la mettre en place à la main.
Recoupez les bords qui dépassent.

Pour la cuisson à blanc,
chemisez la pâte de papier sulfurisé,
puis garnissez-la de légumes secs.

Faites-la cuire 15 minutes au four à 200 °C.
Retirez le papier et les légumes secs
et remettez-la au four 5 minutes.

Pâte à choux

Pour 40 choux ou 16 éclairs

100 g de beurre doux
1 c. à c. de sucre en poudre
140 g de farine ménagère
3 œufs

1 Préchauffez le four à 200 °C. Beurrez légèrement une plaque de cuisson.

2 Mélangez dans une casserole 250 ml d'eau, le beurre et le sucre. Faites chauffer en remuant jusqu'au point d'ébullition. Sans retirer la casserole du feu, ajoutez la farine et remuez vivement avec une spatule en bois, jusqu'à ce que la pâte se détache des parois pour former une boule.

3 Mettez la pâte dans le bol d'un robot électrique doté d'une pale en fouet. Laissez tiédir. Ajoutez les œufs un à un, en battant bien après chaque addition (une autre méthode consiste à se servir d'un fouet manuel ou d'une cuillère en bois pour mélanger les ingrédients). La pâte doit être épaisse et luisante. Elle est désormais prête à l'emploi et peut se travailler à la poche à douille ou à la cuillère.

4 Pour confectionner des choux, disposez des petites cuillerées de pâte sur la plaque de cuisson, en les espaçant de 4 cm. Enfournez pendant 20 minutes, puis réduisez la chaleur à 160 °C et laissez cuire encore 20 minutes, jusqu'à ce que les choux soit dorés, secs à l'intérieur (ouvrez-en un pour vérifier) et bien gonflés. Éteignez le four, ouvrez légèrement la porte et laissez les choux refroidir à l'intérieur.

5 Pour confectionner les éclairs, transférez la pâte dans une poche à douille munie d'un embout standard de 2 cm. Formez des éclairs de 10 cm de long sur la plaque de cuisson, en les espaçant de 4 cm. Faites cuire comme les choux.

PRATIQUE Non garnis, les chous et les éclairs se conservent 3 jours dans un récipient fermé. Pour leur rendre leur éclat, placez-les sur une plaque et réchauffez-les 5 à 10 minutes dans le four préchauffé à 180 °C, jusqu'à ce qu'ils soient secs et croustillants.

Ajoutez la farine sur le feu
et mélangez jusqu'à ce que la pâte
forme une boule.

Ajoutez les œufs un à un
en fouettant bien
après chaque addition.

Pour les choux, disposez
des petits tas de pâte
sur une plaque en les espaçant.

Pour les éclairs,
utilisez une poche à douille
pour étaler la pâte sur la plaque.

Astuces

Pâtes brisée et pâte brisée sucrée

■ Quand vous faites de la pâtisserie, il faut que la cuisine soit aussi fraîche que possible.

■ Quand on peut préparer sa pâte au robot ménager, nul besoin de s'inquiéter d'avoir les mains chaudes ou lourdes.

■ Le beurre doit être sorti directement du réfrigérateur. Coupez-le en dés égaux, de 5 mm de côté à peu près.

■ Servez-vous toujours d'eau glacée pour lier la pâte.

■ Il faut tamiser la farine avant de s'en servir. L'opération permet d'en retirer les grumeaux et d'y introduire un peu d'air, ce qui rend la pâte plus légère. Pour les pâtes sucrées, tamisez également le sucre.

■ Pour les pâtes sucrées, mélangez les jaunes d'œufs à de l'eau glacée avant de les verser sur les ingrédients secs.

■ Si vous vous servez d'un robot ménager, veillez à ne pas trop travailler la pâte car elle risque de durcir.

■ Enveloppez entièrement la pâte dans un film alimentaire pour éviter qu'elle se dessèche.

■ Faites toujours reposer la pâte au réfrigérateur pendant 30 minutes au moins.

■ Si la pâte est trop froide pour s'étaler aisément, elle risque de se briser ; laissez-la 15 minutes à température ambiante avant de la travailler.

■ Étalez la pâte sur une surface de travail légèrement farinée pour l'empêcher de coller. Travaillez toujours du centre vers les bords (et non par un mouvement de va-et-vient) tout en faisant pivoter régulièrement la pâte jusqu'à lui donner la forme requise. De temps à autre, servez-vous de vos mains pour rabattre légèrement le pourtour de la pâte vers l'intérieur et lui conserver sa forme.

■ Servez-vous si possible d'une surface de marbre ou d'une surface de travail froide pour étaler la pâte. Le beurre ne risquera pas de chauffer.

■ Si la pâte est particulièrement molle et commence à adhérer à la surface de travail, étalez-la entre deux feuilles de papier sulfurisé.

■ Ne tirez ni n'étirez jamais la pâte tandis que vous la roulez, sans quoi elle se contractera durant la cuisson.

■ Lors de la cuisson à blanc, le fond de tarte est d'abord chemisé d'un morceau de papier sulfurisé légèrement froissé. En le froissant, on permet au papier d'adhérer plus étroitement à la forme de la pâte.

■ La pâte brisée (et la pâte brisée sucrée) se conserve parfaitement. Enveloppez-la de film alimentaire et réfrigérez-la pendant 3 jours. Elle peut aussi se congeler 3 mois. Il est possible de l'étaler avant de la congeler, soit en feuille sur une plaque de cuisson chemisée de papier sulfurisé, soit abaissée dans le moule. Une autre méthode consiste à la congeler sous forme de boule.

Pâte à choux

■ Préchauffez toujours le four avant d'entreprendre la confection de la pâte à choux car celle-ci doit cuire sitôt qu'elle a reçu sa forme sur la plaque. De même, préparez toujours votre équipement au préalable. Beurrez légèrement la plaque ou chemisez-la de papier sulfurisé. Si vous travaillez la pâte à la poche, munissez celle-ci d'une douille standard.

■ Ajoutez la farine dans la casserole en une seule tombée.

■ Travaillez immédiatement le mélange à la cuillère en bois pour empêcher la formation de grumeaux. Cessez le travail dès que la pâte commence à se détacher des parois de la casserole et retirez-la du feu.

■ Laissez toujours le mélange chaud tiédir 2 à 3 minutes avant d'y ajouter des œufs, qui risquent sinon de cuire.

■ Incorporez les œufs un à un, en veillant à ce qu'ils soient complètement absorbés avant d'ajouter le suivant.

■ La pâte est prête lorsqu'elle est luisante et lisse. Travaillez-la à la poche ou à la petite cuillère quand elle est encore tiède. Veillez à laisser un espace de 4 cm entre chaque chou ou éclair pour lui permettre de gonfler.

Tarte aux raisins et au vin rouge

Pour 8 personnes

200 g de raisins de Corinthe
200 ml de vin rouge
200 ml de jus de mûre
1/2 c. à c. de jus de citron
1 bâton de cannelle
2 clous de girofle
1 part de pâte brisée sucrée (p. 247)
6 œufs
100 g de sucre en poudre
20 g de beurre fondu
du sucre glace pour décorer

1 Préchauffez le four à 200 °C. Beurrez légèrement un moule à tarte à fond amovible de 28 cm de diamètre.

2 Mettez les raisins dans un saladier allant au feu. Versez le vin rouge, le jus de mûre, le jus de citron, la cannelle et les clous de girofle dans une casserole, puis faites chauffer à feu moyen jusqu'au frémissement. Passez aussitôt le liquide au chinois, sur les raisins. Laissez reposer pendant 2 heures.

3 Sur une surface de travail légèrement farinée, abaissez la pâte à une épaisseur de 3 mm. Foncez-en le moule et coupez les bords. Enveloppez le moule de film alimentaire et réfrigérez pendant 1 heure.

4 Chemisez le fond de tarte d'un morceau de papier sulfurisé légèrement froissé et garnissez de légumes secs. Faites cuire la pâte à blanc, 10 minutes avec les légumes secs, puis entre 8 et 10 minutes sans légumes secs, jusqu'à ce qu'elle soit dorée. Réduisez la température du four à 160 °C.

5 Fouettez les œufs, le sucre et le beurre dans un saladier. Versez les raisins et leur liquide de trempage dans une casserole ; faites chauffer sans laisser bouillir, puis transférez ce mélange sur les œufs et remuez bien. Garnissez-en le fond de tarte et faites cuire 30 à 40 minutes au four, jusqu'à ce que la garniture soit juste prise. Laissez tiédir. Saupoudrez de sucre glace pour servir.

Baklava
à la noix de coco

Pour 24 parts

360 g de noix de coco en poudre
1 c. à c. de cannelle moulue
1/2 c. à c. de noix de muscade moulue
1 pincée de clous de girofle moulus
10 feuilles de pâte à brick
(150 g environ)
200 g de beurre doux fondu

Sirop
400 g de sucre en poudre
1 1/2 c. à s. de jus de citron
1 1/2 c. à s. de miel
1 c. à s. d'eau de fleur d'oranger

1 Préchauffez le four à 180 °C. Beurrez légèrement un moule rectangulaire peu profond de 20 x 28 cm ; chemisez le fond de papier sulfurisé.

2 Mélangez la noix de coco, la cannelle, la muscade et les clous de girofle dans un grand saladier.

3 Coupez les feuilles de brick en deux dans la largeur pour les ajuster à la taille du moule. Badigeonnez généreusement une feuille de beurre fondu, couvrez avec une autre feuille également beurrée, et répétez l'opération pour obtenir 4 couches de pâte. Formez de la sorte 5 piles de brick de 4 feuilles chacune.

4 Disposez une pile dans le moule et badigeonnez-la de beurre. Répartissez dessus un quart du mélange à la noix de coco et couvrez avec une autre pile de pâte. Répétez l'opération jusqu'à épuisement des ingrédients, en terminant par une pile de pâte. Badigeonnez généreusement cette dernière puis incisez-la en losanges sur une profondeur de 1 cm à peu près. Faites cuire 18 à 20 minutes au four, jusqu'à ce que le gâteau soit doré et croustillant.

5 Pendant ce temps, préparez le sirop. Mélangez 400 ml d'eau, le sucre, le jus de citron, le miel et l'eau de fleur d'oranger dans une casserole. Remuez sur le feu pour faire dissoudre le sucre, puis faites frémir 10 minutes pour obtenir un sirop épais. Laissez refroidir.

6 Versez le sirop tiède sur la baklava encore chaude. Laissez refroidir complètement avant de découper en losanges pour servir.

Tatin aux poires

Pour 8 personnes

145 g de sucre en poudre
50 g de beurre en dés
$1/2$ c. à c. de gingembre moulu
$1/2$ c. à c. de cannelle moulue
3 poires pelées, épépinées et coupées en quartiers
450 g de pâte feuilletée décongelée
de la crème fraîche pour servir

Répartissez à la cuillère
le caramel sur les poires.

Recouvrez les poires
avec le disque de pâte.

1 Préchauffez le four à 220 °C. Faites chauffer à feu moyen une poêle à fond épais de 22 cm de diamètre et munie d'un manche résistant à la flamme. Versez-y le sucre et remuez constamment la poêle jusqu'à ce qu'il atteigne la couleur du caramel brun. Ajoutez alors le beurre, le gingembre et la cannelle. Remuez. Disposez les poires en cercles concentriques dans la poêle et nappez-les de caramel. Baissez le feu, couvrez et laissez cuire 5 minutes pour que les fruits soient juste tendres.

2 Retirez la poêle du feu, redisposez si nécessaire les poires dans la poêle en les faisant se chevaucher légèrement et laissez tiédir.

3 Sur le plan de travail fariné, abaissez la pâte en un disque de 24 cm. Déposez-la sur les poires, puis tassez légèrement les bords sur les fruits pour les recouvrir complètement. Enfournez pendant 20 à 25 minutes, jusqu'à ce que la pâte soit dorée et levée. Laissez reposer la tarte 10 minutes, avant de la renverser sur le plat de service. Servez tiède avec de la crème fraîche.

PRATIQUE On recommande pour cette recette l'usage d'une poêle en fonte. Cette tarte Tatin doit être dégustée le jour même.

Palmiers
au citron vert
et à l'anis

Pour 24 palmiers

2 étoiles de badiane (anis étoilé)
60 g de sucre de canne râpé
ou de cassonade
2 c. à c. de zeste de citron vert
2 feuilles de pâte feuilletée décongelées
40 g de beurre fondu

1 Préchauffez le four à 200 °C. Chemisez de papier sulfurisé une plaque de cuisson.

2 Mettez la badiane dans un petit plat allant au four pour l'y faire sécher pendant 5 minutes. Laissez-la refroidir, puis réduisez-la en poudre fine dans un mortier. Mettez-la dans un bol avec le sucre de palme et le zeste de citron vert.

3 Placez les feuilles de pâte sur le plan de travail et badigeonnez-les de beurre fondu. Garnissez de mélange à l'anis et roulez la pâte pour former 2 boudins serrés. Coupez chaque boudin en 12 tranches égales, puis disposez ces dernières sur la plaque de cuisson, en les espaçant un peu. Aplatissez-les légèrement avec la paume de la main, puis badigeonnez-les du reste de beurre fondu. Réfrigérez 30 minutes, puis faites cuire 20 minutes au four, jusqu'à ce que les palmiers soient dorés et bien gonflés.

PRATIQUE On peut aussi se servir d'un moulin à café pour moudre la badiane.

Croustade aux pommes et aux cerises

Pour 8 personnes

20 g de beurre
3 pommes vertes pelées, épépinées et coupées en dés
60 g de cassonade
1/2 c. à c. de cannelle moulue
1/2 c. à c. de gingembre moulu
1/2 c. à c. de jus de citron
2 c. à s. de farine ménagère
300 g de cerises dénoyautées fraîches, surgelées ou en boîte
1 part de pâte brisée sucrée (p. 247)
1 jaune d'œuf
1 c. à s. de lait
80 g de confiture d'abricots

1 Préchauffez le four à 180 °C. Beurrez et farinez une grande plaque de cuisson.

2 Faites fondre le beurre dans une casserole à feu moyen. Ajoutez les pommes, la cassonade, la cannelle, le gingembre et le jus de citron. Couvrez et faites cuire 5 minutes, jusqu'à ce que les pommes soient tendres. Laissez tiédir, puis ajoutez la farine et les cerises.

3 Sur une surface de travail légèrement farinée, abaissez la pâte à une épaisseur de 3 mm. Déposez-la sur la plaque de cuisson et garnissez-la de mélange aux pommes et aux cerises, en laissant une bordure de 5 cm. Rabattez cette dernière sur les fruits, en la plissant légèrement. Battez le jaune d'œuf avec le lait, puis badigeonnez-en les bords de pâte. Enfournez sur la grille inférieure du four et laissez cuire 35 à 40 minutes, jusqu'à ce que la croustade soit dorée.

4 Pour le glaçage, mélangez dans une casserole la confiture d'abricots et 2 cuillerées à soupe d'eau. Laissez frémir en remuant sans cesse, puis nappez la croustade de ce sirop. Servez tiède.

Tartelettes au pamplemousse

Pour 8 tartelettes

2 parts de pâte brisée sucrée (p. 247)

Garniture
100 g de beurre en dés
6 œufs légèrement battus
170 g de sucre en poudre
250 ml de jus de pamplemousse rose
1 c. à s. de zeste de pamplemousse râpé

Meringue
4 blancs d'œufs à température ambiante
115 g de sucre en poudre
1 c. à s. de Maïzena

Vous monterez plus facilement
vos blancs en neige avec un fouet électrique.

Utilisez une poche à douille
pour répartir la meringue sur la garniture.

1 Préchauffez le four à 180 °C. Beurrez légèrement 8 moules à tartelettes à fond amovible de 10 cm de diamètre.

2 Sur une surface de travail légèrement farinée, abaissez la pâte à une épaisseur de 3 mm. Découpez-y des disques de la taille des moules et foncez-en ces derniers. Coupez la pâte qui déborde et enveloppez chaque moule dans un film alimentaire. Réfrigérez 30 minutes.

3 Chemisez les fonds de tartelette d'un morceau de papier sulfurisé légèrement froissé et garnissez de légumes secs. Faites cuire la pâte à blanc, 10 minutes avec les légumes secs, puis 5 minutes sans légumes secs, jusqu'à ce qu'elle soit dorée. Laissez refroidir.

4 Pour la garniture, mélangez le beurre, les œufs, le sucre, le jus et le zeste de pamplemousse dans un saladier résistant au feu. Fouettez le mélange au bain-marie, au-dessus d'une casserole d'eau frémissante, pour que la préparation épaississe (comptez entre 10 à 15 minutes de cuisson). Laissez cette garniture refroidir avant de l'étaler dans les fonds de tartelette. Réfrigérez 30 minutes.

5 Pour la meringue, fouettez en neige ferme les blancs d'œufs dans un saladier propre et sec. Ajoutez le sucre, 1 cuillerée à soupe à la fois, en fouettant bien après chaque addition. Continuez de battre jusqu'à ce que la neige soit ferme et luisante. Incorporez enfin la Maïzena.

6 Mettez la meringue dans une poche à douille munie d'un embout standard de 2 cm. Recouvrez les tartelettes de meringue et passez-les 10 minutes au four.

PRATIQUE La cuisson à blanc permet à la pâte de rester croustillante, quelle que soit la garniture qu'elle va recevoir. Ce mode de préparation permet en outre de recevoir des fruits crus ou des garnitures dont le temps de cuisson est inférieur à celui de la pâte.

Tarte au chocolat et au café

Pour 12 personnes

1 part de pâte brisée sucrée (p. 247)
dont vous aurez remplacé 2 c. à s.
de farine par 2 c. à s. de café soluble
50 g de chocolat noir haché
400 g de chocolat au lait haché
300 ml de crème fraîche

1 Préchauffez le four à 200 °C. Beurrez un moule rectangulaire à fond amovible de 11 × 35 cm.

2 Sur une surface de travail légèrement farinée, abaissez la pâte à une épaisseur de 3 mm. Foncez-en le moule et coupez les bords. Enveloppez le moule de film alimentaire et réfrigérez pendant 1 heure.

3 Chemisez le fond de tarte d'un morceau de papier sulfurisé légèrement froissé et garnissez de légumes secs. Faites cuire la pâte à blanc, 10 minutes avec les légumes secs, puis à nouveau 10 minutes sans les légumes secs.

4 Mettez le chocolat noir dans un petit saladier allant au feu et faites-le fondre au bain-marie, au-dessus d'une casserole d'eau frémissante. Remuez sans cesse pour obtenir une crème lisse. Étalez cette dernière sur le fond de tarte.

5 Mélangez le chocolat au lait et la crème dans un récipient allant au feu. Lissez le mélange au bain-marie, sans cesser de remuer, puis couvrez-en la base de chocolat noir. Réfrigérez la tarte toute une nuit pour faire prendre la garniture. Servez-la en petites portions car c'est un dessert très riche.

Croquembouche au café

Pour 10 personnes

40 petits choux cuits et refroidis (voir p. 252)
700 g de sucre en poudre pour le caramel

Crème au café
1 1/2 c. à s. de café lyophilisé instantané
400 g de mascarpone
60 g de sucre glace
2 c. à s. de crème liquide

1 Pour la crème au café, faites dissoudre le café dans 1 cuillerée à soupe d'eau bouillante. Mélangez dans un saladier le mascarpone, le sucre glace, la crème et le café. Fouettez bien au batteur électrique.

2 Transférez cette crème dans une poche à douille munie d'un embout standard de moins de 1 cm. Avec le bout d'une cuillère à café, percez un petit trou à la base de chaque chou, puis fourrez de crème au café.

3 Pour le caramel, mélangez le sucre et 250 ml d'eau dans une casserole à fond épais. Faites d'abord dissoudre le sucre puis laissez frémir à petit feu pendant 20 minutes, sans remuer, pour obtenir un sirop brun. Retirez aussitôt la casserole du feu et plongez sa base dans un grand saladier d'eau froide pour arrêter la cuisson.

4 Plongez la base de 3 choux dans le caramel et déposez-les en triangle sur une assiette. Trempez le fond d'un quatrième chou dans le caramel et posez-le sur le triangle, au centre, pour former une pyramide. Composez ainsi 10 pyramides au total.

5 Plongez deux fourchettes dans le reste du caramel, puis frottez-les l'une contre l'autre, dos à dos, jusqu'à ce que caramel commence à coller. Écartez délicatement les fourchettes pour voir si le caramel est assez froid pour former « le fil ». S'il goutte, c'est qu'il faut le faire refroidir encore. Lorsque le caramel commence à former des fils, enroulez-les autour de chaque pyramide pour les en recouvrir. Servez immédiatement.

PRATIQUE Le croquembouche est un dessert traditionnel que l'on sert souvent dans les grandes occasions. Vous pouvez aussi assembler les choux pour ne former qu'une seule pièce montée. Commencez par un large cercle de choux pour la base (un nombre impair offre l'assise la plus efficace), puis ajoutez des couches de choux pour monter la pyramide.

Percez un petit trou à la base du chou
et fourrez-le de crème au café.

Écartez les fourchettes
pour vérifier si le caramel forme « le fil ».

Tourte aux pommes et aux amaretti

Pour 8 à 10 personnes

2 parts de pâte brisée sucrée (p. 247)
40 g de beurre
5 pommes vertes pelées, épépinées
et coupées en tranches fines
1 c. à c. de jus de citron
1/2 c. à c. de cannelle moulue
80 g de cassonade
25 g d'amandes effilées légèrement
grillées
50 g d'amaretti (voir « Pratique »)
grossièrement hachés
1 jaune d'œuf
du sucre glace pour décorer

1 Préchauffez le four à 200 °C. Beurrez un moule à tarte de 23 cm de diamètre. Sur le plan de travail fariné, abaissez les deux tiers de la pâte à une épaisseur de 3 mm. Foncez-en le moule, coupez les bords qui dépassent, couvrez d'un film alimentaire et réfrigérez pendant 30 minutes. Étalez le reste de la pâte pour former le sommet de la tourte. Déposez-la sur une grande assiette, couvrez d'un film alimentaire et réfrigérez également pendant 30 minutes.

2 Chemisez le fond de tarte d'un morceau de papier sulfurisé légèrement froissé et garnissez de légumes secs. Faites cuire la pâte à blanc, 10 minutes avec les légumes secs, puis à nouveau 10 minutes sans légumes secs, jusqu'à ce qu'elle soit dorée. Sortez-la du four et baissez le thermostat à 180 °C.

3 Faites fondre le beurre dans une grande casserole. Ajoutez les pommes, le jus de citron, la cannelle et la cassonade et faites cuire à couvert sur feu moyen pendant 5 minutes, jusqu'à ce que les fruits commencent à s'attendrir. Retirez du feu pour incorporer les amandes et les amaretti.

4 Étalez le mélange aux fruits sur le fond de tarte. Fouettez le jaune d'œuf avec 1 cuillerée à soupe d'eau et badigeonnez-en le bord de la tarte. Couvrez du disque de pâte en le faisant délicatement adhérer au pourtour. Découpez un petit trou au centre pour permettre à la vapeur de s'échapper, avant de dorer ce couvercle à l'œuf. Faites cuire 45 minutes au four. Laissez refroidir, puis saupoudrez de sucre glace pour servir.

PRATIQUE Les amaretti sont des petits biscuits italiens confectionnés avec des amandes amères.

Éclairs à la mangue

Pour 16 éclairs

1 part de pâte à choux (p. 252)
1 feuille de gélatine de 5 g
200 ml de mangue écrasée en purée
1 c. à c. de jus de citron
125 ml de crème fraîche
30 g de sucre glace

Glaçage au gingembre
60 g de sucre glace
10 g de beurre doux
1/2 c. à c. de gingembre moulu
1/2 c. à c. de jus de citron

1 Préchauffez le four à 200 °C. Chemisez 2 plaques de cuisson de papier sulfurisé.

2 Transférez la pâte à choux dans une poche à douille munie d'un embout standard de 2 cm. Formez 16 éclairs sur la plaque en les espaçant de 4 cm. Faites cuire 20 minutes au four à 200 °C, puis à nouveau 20 minutes à 160 °C. Éteignez le four, entrouvrez la porte et laissez les éclairs refroidir à l'intérieur.

3 Plongez la feuille de gélatine 5 minutes dans l'eau froide pour la ramollir, puis égouttez-la bien. Mélangez la purée de mangue et le jus de citron dans un petit saladier allant au feu. Ajoutez la gélatine et fouettez le mélange au bain-marie, au-dessus d'une casserole d'eau frémissante. Quand la gélatine est dissoute, retirez le saladier de la casserole, laissez tiédir le mélange puis mettez-le au réfrigérateur jusqu'à ce qu'il commence à prendre. Fouettez la crème et le sucre glace dans un saladier jusqu'à épaississement, puis incorporez le mélange à la purée de mangue froide.

4 Pour le glaçage, mélangez le sucre glace, le beurre, le gingembre et le jus de citron dans un petit saladier. Versez 2 cuillerées à café d'eau bouillante et fouettez jusqu'à obtention d'un mélange lisse (ajoutez quelques gouttes d'eau si nécessaire). Ouvrez les éclairs à l'horizontale et fourrez-les de crème à la mangue. Refermez-les pour les décorer de glaçage au gingembre. Réfrigérez jusqu'au moment de servir.

Cigarettes au pavot et aux amandes

Pour 30 cigarettes

150 g de sucre
1 c. à s. de jus de citron
1 c. à s. d'eau de fleur d'oranger
225 g d'amandes grillées finement hachées
1 c. à c. de zeste d'orange râpé
1 c. à c. de cannelle moulue
3 c. à s. de graines de pavot
3 feuilles de pâte à brick
80 g de beurre fondu

1 Préchauffez le four à 180 °C. Beurrez légèrement une plaque de cuisson.

2 Mélangez dans une casserole 100 g de sucre et 300 ml d'eau et faites chauffer doucement en remuant pour faire dissoudre le sucre. Versez le jus de citron et laissez épaissir 5 minutes à petits bouillons. Quand le mélange forme un sirop, retirez la casserole du feu. Ajoutez alors l'eau de fleur d'oranger. Laissez refroidir. Mettez dans un saladier le reste du sucre, les amandes, le zeste d'orange, la cannelle moulue et les graines de pavot.

3 Badigeonnez de beurre fondu 1 feuille de brick (réservez les autres sous un linge humide) et coupez-la en trois bandes dans la longueur. Déposez 1 cuillerée de farce aux amandes au bas d'une bande, puis roulez la pâte pour enfermer cette garniture. Posez la cigarette sur la plaque de cuisson. Préparez les autres cigarettes de la même façon.

4 Faites cuire les cigarettes au four pendant 15 à 20 minutes pour qu'elles soient dorées et croustillantes. Réchauffez le sirop et plongez-y les cigarettes une à une. Réservez-les sur un plat jusqu'au moment de servir.

Tartelettes à la rhubarbe

Pour 8 tartelettes

2 parts de pâte brisée sucrée (p. 247)
1/2 c. à c. d'extrait naturel de vanille
250 ml de lait
250 ml de crème liquide
4 œufs
145 g de sucre en poudre
400 g de rhubarbe nettoyée
et coupée en tronçons de 2 cm
80 g de cassonade
1/2 c. à c. de cannelle moulue
1 c. à c. de jus de citron

1 Préchauffez le four à 200 °C. Beurrez légèrement 8 moules à tartelettes à fond amovible de 10 cm de diamètre.

2 Sur un plan de travail légèrement fariné, abaissez la pâte à une épaisseur de 3 mm. Coupez-la en disques de la taille des moules. Foncez-en les moules en la pressant bien contre les parois. Coupez les bords qui dépassent, couvrez d'un film alimentaire et réfrigérez 30 minutes.

3 Chemisez les fonds de pâte de papier sulfurisé légèrement froissé et garnissez-les de légumes secs. Faites cuire la pâte à blanc, 15 minutes avec les légumes secs, puis à nouveau 7 minutes sans légumes secs, jusqu'à ce qu'elle soit dorée. Réduisez la température du four à 160 °C.

4 Mélangez dans une casserole le lait, la crème et l'extrait de vanille. Portez à ébullition. Fouettez les œufs et le sucre dans un saladier jusqu'à ce que le mélange blanchisse. Versez le lait à la vanille sur ce mélange en fouettant bien. Laissez refroidir la crème, puis passez-la au chinois. Versez-la ensuite dans les fonds de tarte et enfournez pendant 25 à 30 minutes, jusqu'à ce que la crème ait juste pris. Retirez du four.

5 Réglez le thermostat à 180 °C. Mélangez la rhubarbe, la cassonade, la cannelle, le jus de citron et 2 cuillerées à café d'eau dans un petit plat allant au four, remuez, puis couvrez d'aluminium et enfournez 30 minutes.

6 Démoulez les tartelettes de leurs moules. Juste avant de servir, garnissez-les de rhubarbe rôtie tiède.

Sablé aux figues

Pour 12 personnes

185 g de farine ménagère
60 g de farine à levure incorporée
2 c. à c. de cannelle moulue
1 c. à c. de gingembre moulu
1 c. à c. de quatre-épices
115 g de cassonade
55 g de noisettes en poudre
125 g de beurre doux en dés
1 œuf légèrement battu
315 g de confiture de figues
95 g de noisettes grillées
et finement hachées
du sucre glace pour décorer

1 Préchauffez le four à 180 °C. Beurrez un moule rectangulaire à fond amovible de 11 x 35 cm.

2 Mélangez dans le bol du robot électrique les farines, les épices, le sucre et les noisettes en poudre. Ajoutez le beurre et pétrissez par brèves impulsions pour obtenir un mélange grossier. Incorporez l'œuf battu en plusieurs fois, jusqu'à ce que la pâte forme une masse compacte (vous n'utiliserez peut-être pas tout l'œuf). Divisez la pâte en deux, enveloppez séparément chaque moitié dans un film alimentaire et réfrigérez pendant 30 minutes.

3 Sortez une boule de pâte du réfrigérateur et abaissez-la entre deux feuilles de papier sulfurisé. Foncez-en le moule et coupez les bords qui dépassent. Si la pâte s'est déchirée, bouchez les fentes.

4 Nappez ce fond de pâte de confiture de figues. Râpez l'autre moitié de pâte dans un saladier, ajoutez les noisettes hachées et remuez délicatement. Répartissez ce mélange sur la confiture. Faites cuire 35 minutes au four, jusqu'à ce que le dessus prenne une teinte brun doré. Laissez refroidir complètement le sablé avant de le sortir du moule. Saupoudrez-le de sucre glace et servez avec de la crème fouettée (facultatif).

PRATIQUE Ce sablé aux figues se conserve 4 jours dans un récipient fermé. Il peut se congeler pendant 3 mois.

Pithiviers aux pistaches

Pour 10 personnes

120 g de beurre ramolli
145 g de sucre en poudre
3 jaunes d'œufs
200 g de pistaches grillées et finement moulues
$1/2$ c. à c. d'extrait naturel de vanille
30 g de farine ménagère
2 feuilles de pâte feuilletée décongelées
1 c. à s. de lait
2 c. à s. de confiture d'abricots
1 c. à s. de pistaches grillées et grossièrement hachées

Répartissez la garniture
au centre d'un des disques de pâte.

Recouvrez du second disque
et pincez les bords pour les sceller.

1 Préchauffez le four à 180 °C. Chemisez de papier sulfurisé une plaque de cuisson.

2 Travaillez en crème le beurre et le sucre jusqu'à ce que le mélange blanchisse, puis ajoutez 2 jaunes d'œufs en deux fois, en battant bien après chaque addition. Incorporez les pistaches en poudre, l'extrait de vanille et la farine.

3 Découpez dans chaque feuille de pâte un disque de 24 cm de diamètre. Posez-en un sur la plaque et répartissez au centre le mélange à la pistache, en laissant un rebord de 4 cm. Fouettez le dernier jaune d'œuf avec le lait, puis badigeonnez-en le bord de pâte. Couvrez avec le disque restant et pincez les côtés pour les sceller. Badigeonnez d'œuf battu le dessus du pithiviers. Dessinez sur le couvercle de pâte des triangles avec la pointe d'un couteau (pour former les parts). Faites enfin cuire 45 minutes au four, jusqu'à ce que la pâte soit dorée et gonflée.

4 Faites chauffer la confiture dans une petite casserole avec 1 cuillerée à soupe d'eau. Dès que le pithiviers sort du four, glacez-le généreusement de ce mélange avant de le décorer de pistaches hachées. Laissez refroidir avant de servir.

PRATIQUE Pour réduire en poudre les pistaches, mettez-les dans le bol du robot après les avoir fait légèrement griller au four. Mixez-les en donnant des impulsions brèves : si vous les broyez trop longtemps, elles vont rendre leur huile et former une masse collante. Si la recette fait appel à du sucre, ajoutez-en une petite quantité aux pistaches (il absorbera l'huile).

Tartelettes aux pêches

Pour 12 tartelettes

2 parts de pâte brisée sucrée (p. 247)
600 g de pêches dénoyautées
et coupées en tranches fines
20 g de beurre fondu
1 c. à s. de miel
1 c. à s. de sucre en poudre
1/4 de c. à c. de noix de muscade moulue
1 jaune d'œuf
1 c. à s. de lait
3 c. à s. de confiture d'abricots
25 g d'amandes effilées légèrement grillées

1 Beurrez légèrement une tôle à pâtisserie ou chemisez-la de papier sulfurisé.

2 Sur une surface de travail légèrement farinée, abaissez la pâte à une épaisseur de 3 mm. Découpez dedans 12 disques de 12 cm de diamètre. Mélangez délicatement les tranches de pêches, le beurre, le miel, le sucre et la noix de muscade dans un saladier. Répartissez ce mélange sur les disques de pâte, en laissant une bordure de 1 cm. Rabattez cette bordure sur les fruits en la plissant à intervalles de 1 cm. Posez ces tartelettes sur la tôle et réfrigérez pendant 30 minutes. Préchauffez le four à 200 °C.

3 Battez le jaune d'œuf et le lait dans un petit saladier. Dorez-en les bordures de pâte. Faites cuire les tartelettes 30 minutes au four, jusqu'à ce que la pâte soit dorée.

4 Mélangez dans une casserole la confiture avec 1 cuillerée à soupe d'eau. Faites chauffer à feu doux pour obtenir un sirop lisse et badigeonnez-en les tartelettes aussitôt après les avoir sorties du four. Saupoudrez-les d'amandes. Laissez refroidir avant de servir.

Croustade au cacao et aux dattes

Pour 12 personnes

500 g de dattes dénoyautées
1/2 c. à c. d'extrait naturel de vanille
2 c. à c. de zeste de citron
1/2 c. à c. de cannelle moulue
1/2 c. à c. de gingembre moulu
30 g de cacao en poudre non sucré
1 c. à s. de cassonade
1/4 de c. à c. de levure chimique
1 1/2 part de pâte brisée sucrée (p. 247)
où vous aurez remplacé 75 g de farine
par 75 g de noix en poudre
1 jaune d'œuf battu avec 1 c. à s. d'eau
1 c. à c. de sucre en poudre
1 pincée de cannelle en supplément

1 Préchauffez le four à 180 °C. Mélangez dans une casserole à fond épais les dattes, l'extrait de vanille, le zeste de citron, la cannelle, le gingembre, le cacao, la cassonade et 250 ml d'eau. Faites chauffer jusqu'au frémissement, puis ajoutez la levure en remuant bien. Laissez refroidir. Transférez le mélange dans le bol d'un robot ménager et mixez-le par brèves impulsions pour former une purée grossière.

2 Beurrez un moule à tarte à fond amovible de 25 cm de diamètre. Abaissez deux tiers de la pâte brisée à 5 mm d'épaisseur et foncez-en le moule. Étalez le reste de manière à former un disque assez large pour couvrir la croustade.

3 Versez la garniture aux dattes sur le fond de tarte et lissez-en la surface. Posez le couvercle de pâte (tassez-le délicatement pour empêcher la formation de poches d'air) et pincez les bords pour les sceller. Formez une entaille au centre pour permettre à la vapeur de s'échapper, puis dorez le dessus à l'œuf battu. Mélangez le sucre et la cannelle en supplément avant d'en saupoudrer la croustade.

4 Faites cuire 1 heure au four, sur la grille inférieure, jusqu'à ce que la pâte soit dorée. Laissez refroidir complètement avant de servir.

Les desserts au four

Les desserts au four

Le dessert est habituellement une confection sucrée qui marque la fin d'un repas. Sa nature était autrefois différente. Au Moyen Âge, on confectionnait des puddings en mélangeant des céréales et des fruits secs, serrés dans un torchon épais (ou dans un boyau d'animal), avant de les cuire dans de grandes bassines d'eau bouillante. Le célèbre blanc-manger de l'Angleterre médiévale était un épais gruau d'amandes, de lait, de riz et de poulet qui a ensuite évolué pour devenir une crème sucrée, épaissie à la gélatine et moulée. Bien que l'on se soit servi pendant des siècles de sirop de canne, de miel et de fruits comme édulcorants, le sucre n'a conquis le monde occidental qu'au XVIe siècle. Appelé alors « or blanc » du fait de sa cherté, il s'utilisait par exemple dans les remèdes pour en masquer le goût amer, mais les nantis en saupoudraient tout ce qui leur tombait sous la main. Devenu plus abondant au XVIIIe siècle, ses prix chutent, et son usage se répand dans toutes les couches sociales, ce qui a donné naissance au dessert sucré moderne.

Des parfums sucrés

Nous cuisons au four de nos jours des centaines de types de desserts pour notre famille et pour nos amis, avec qui nous les partageons en toutes occasions, qu'elles soient formelles ou privées. Ces recettes se confectionnent habituellement selon une méthode traditionnelle de cuisson : en fouettant des œufs pour un soufflé, en travaillant en crème le beurre et le sucre pour une génoise, en préparant un fond de tarte pour recevoir une garniture aux fruits.

Les desserts cuits au four existent partout dans le monde et chaque culture a développé ses propres versions, même si les similitudes sont souvent frappantes : les gâteaux de riz sucrés existent aussi bien en Inde et en Grèce qu'en Italie et en Thaïlande, où l'on confectionne de délicieux puddings de riz noir.

Qu'est-ce qui rend si tentant ce genre de dessert ? Peut-être d'en humer les merveilleux arômes qui s'échappent du four ? Peut-être nos souvenirs d'enfance, éveillés par la senteur du sucre chaud ? Les desserts comptent parmi les plats que l'on apprécie le plus de préparer. Ils permettent en outre à notre créativité de briller. Nous rêvons de desserts pendant les longues journées d'hiver car ils nous apportent réconfort et chaleur. Pour certains ils constituent une friandise occasionnelle, pour d'autres un « besoin » quotidien.

Astuces

■ Lisez toujours soigneusement la recette avant de commencer et assurez-vous de disposer des ingrédients et de l'équipement nécessaires. Préchauffez le four.

■ Préparez à l'avance plaques et plats requis, en les beurrant ou en les chemisant de papier sulfurisé selon les besoins de la recette.

■ Pesez et mesurez soigneusement les ingrédients.

■ Si vous graissez une plaque ou un plat avec du beurre, faites-le d'abord fondre dans une petite casserole à feu doux (ou au four à micro-ondes, 30 secondes à puissance moyenne). Utilisez un pinceau de cuisine pour beurrer uniformément la plaque ou le plat.

■ Si vous employez de la pâte surgelée, laissez-la complètement décongeler au préalable.

■ Quand vous battez des blancs en neige ferme, veillez à n'employer que des fouets propres dans un saladier sec et propre. Si les fouets ont déjà servi pour d'autres mélanges, les œufs ne monteront pas.

■ Si un dessert doit cuire au four dans un bain-marie, assurez-vous de disposer d'une bouilloire pleine et bouillonnante pour verser l'eau dès que nécessaire dans le plat. Il est parfois préférable de ne verser l'eau bouillante dans le plat de cuisson qu'après y avoir placé les ramequins ou le plat du dessert à cuire. Cela vous évitera d'avoir à transporter l'ensemble dans le four.

■ Servez-vous toujours de gants de cuisine pour déplacer un plat rempli d'eau bouillante ; ce dernier ne sera peut-être pas chaud, mais l'eau le sera assurément.

■ Quand vous faites cuire un soufflé, n'ouvrez jamais la porte du four avant que le temps de cuisson indiqué se soit écoulé.

■ Enfilez toujours des gants de cuisine pour démouler un dessert chaud.

Génoises aux fruits rouges

Pour 6 personnes

1 c. à s. de beurre doux fondu
125 g de beurre doux ramolli
115 g de sucre en poudre
+ 6 c. à c. pour saupoudrer les génoises
2 œufs
165 g de farine à levure incorporée tamisée
60 ml de lait
200 g de fruits rouges frais ou surgelés

1 Préchauffez le four à 180 °C. Beurrez 6 moules à dariole de 125 ml.

2 Travaillez en crème le beurre et le sucre au fouet électrique, jusqu'à ce que le mélange blanchisse. Ajoutez les œufs un à un, en fouettant bien après chaque addition. Incorporez délicatement la farine en alternant avec le lait.

3 Répartissez les fruits rouges dans les moules avant de verser 1 cuillerée à café de sucre dans chaque moule. Répartissez la pâte sur les fruits.

4 Placez les moules dans un plat allant au four et mettez-y suffisamment d'eau chaude pour qu'elle atteigne la moitié de la hauteur des moules. Couvrez d'une feuille de papier sulfurisé, puis de papier d'aluminium en pressant ce dernier sur les parois du plat.

5 Faites cuire 35 à 40 minutes au four, jusqu'à ce que les génoises soient souples au toucher. Retirez les moules du bain-marie, laissez tiédir 5 minutes, puis démoulez les génoises sur des assiettes en glissant la lame d'un couteau contre les parois. Servez avec de la crème fouettée ou de la crème glacée (facultatif).

Crumble aux bananes et aux prunes

Pour 4 à 6 personnes

30 g de farine ménagère
50 g de flocons d'avoine
30 g de noix de coco en poudre
45 g de cassonade
le zeste finement râpé de 1 citron vert
100 g de beurre doux en dés
2 bananes pelées
et fendues dans la longueur
4 prunes coupées en deux
et dénoyautées
60 ml de jus de citron vert

1 Préchauffez le four à 180 °C. Mélangez la farine, les flocons d'avoine, la noix de coco, le sucre et le zeste de citron dans un petit saladier. Ajoutez le beurre en l'émiettant du bout des doigts pour obtenir une chapelure.

2 Étalez les bananes et les prunes dans un plat de 1,25 litre et arrosez-les de jus de citron vert. Saupoudrez-les de crumble et enfournez 25 à 30 minutes, jusqu'à ce que le dessus soit doré. Servez chaud avec de la crème glacée ou de la crème fouettée.

Poires en chemise

Pour 6 personnes

2 poires mûres à chair ferme
100 g de fromage de chèvre frais émietté
55 g d'amandes en poudre
1 1/2 c. à c. de noix de muscade moulue
1 1/2 c. à c. de zeste de citron râpé
55 g de sucre en poudre
1 1/2 part de pâte brisée sucrée (p. 247)
1 œuf légèrement battu
du sucre glace pour décorer
de la crème anglaise (p. 365)

1 Préchauffez le four à 180 °C. Beurrez un grand plat allant au four.

2 Retirez le cœur des poires en les laissant entières et sans les peler. Mélangez le fromage de chèvre, les amandes, la noix de muscade, le zeste de citron et 2 cuillerées à soupe de sucre. Avec une petite cuillère, farcissez les fruits de ce mélange.

3 Sur le plan de travail fariné, abaissez la pâte à une épaisseur de 3 mm avant d'y découper 6 carrés de 15 cm. Dorez-les à l'œuf battu et saupoudrez du reste de sucre. Posez une poire au centre de chaque carré et rabattez les coins sur le fruit. Pressez la pâte pour la faire adhérer au fruit et enfermer complètement celui-ci.

4 Avec un petit couteau, formez 12 feuilles dans l'excédent de pâte. Badigeonnez les poires en chemise avec le reste d'œuf et collez ces feuilles au sommet de chaque fruit. Mettez les poires enveloppées dans le plat et faites-les cuire 35 à 40 minutes au four, jusqu'à ce que la pâte soit dorée. Saupoudrez de sucre glace et servez sans attendre avec de la crème anglaise.

Moelleux au chocolat

Pour 6 personnes

185 ml de lait
115 g de sucre en poudre
60 g de beurre doux fondu
1 œuf
125 g de farine à levure incorporée
40 g de cacao en poudre non sucré
125 g de chocolat noir à l'orange
grossièrement haché
230 g de cassonade

1 Préchauffez le four à 180 °C. Beurrez un plat de 1,5 litre allant au four.

2 Mélangez au fouet le lait, le sucre, le beurre et l'œuf dans un saladier. Tamisez la farine et la moitié du cacao sur ce mélange, ajoutez le chocolat et remuez délicatement. Versez cette pâte dans le plat. Mélangez la cassonade et le reste du cacao dans un saladier, puis ajoutez 250 ml d'eau bouillante. Versez délicatement cette sauce dans le plat.

3 Faites cuire le moelleux 40 à 45 minutes au four, jusqu'à ce qu'il soit ferme au toucher. Coupez-le en tranches et nappez-le de sauce pour le servir chaud ou tiède. Accompagnez de crème glacée (facultatif).

PRATIQUE Vous pouvez préparer la sauce avec un chocolat noir sans arôme ou un chocolat parfumé à la menthe.

Puddings aux raisins

Pour 8 personnes

200 ml de lait
200 ml de crème liquide
1 c. à c. d'extrait naturel de vanille
3 œufs
115 g de sucre en poudre
150 g de panettone
60 g de raisins de Smyrne
de la crème anglaise (p. 365)

1 Préchauffez le four à 150 °C. Beurrez 8 moules à timbale de 125 ml.

2 Mélangez le lait, la crème et la vanille dans une casserole. Laissez chauffer jusqu'à ébullition, puis retirez du feu. Battez les œufs et le sucre dans un saladier jusqu'à ce que la préparation épaississe, puis versez graduellement la crème à la vanille en fouettant délicatement.

3 Coupez le panettone en tranches de 1,5 cm d'épaisseur, puis en disques de 5 cm de diamètre (vous devez obtenir 16 disques en tout). Posez 1 disque au fond de chaque moule, ajoutez des raisins secs, puis nappez avec 60 ml de crème. Ajoutez un autre disque avant de verser encore un peu de crème pour couvrir le panettone et remplir le moule.

4 Placez les moules dans un grand plat allant au four et versez de l'eau chaude jusqu'à mi-hauteur des moules. Laissez cuire 25 à 30 minutes au four, jusqu'à ce que les puddings soient dorés et fermes. Sortez les moules de l'eau et laissez-les tiédir 5 minutes avant de les renverser sur les assiettes de service. Servez avec la crème anglaise.

PRATIQUE Pour préparer ce dessert, vous pouvez remplacer le panettone par de la brioche.

Charlotte aux coings

Pour 4 à 6 personnes

460 g de sucre en poudre
1 gousse de vanille
1 bâton de cannelle
1 c. à c. de quatre-épices
1,5 kg de coings pelés,
coupés en quartiers et épépinés
du beurre doux
2 brioches coupées en tranches fines
de la crème anglaise (p. 365)

1 Préchauffez le four à 180 °C.

2 Mélangez le sucre avec 1 litre d'eau dans une casserole et faites-le dissoudre à feu moyen. Fendez la gousse de vanille dans la longueur et grattez les graines sur le sirop. Ajoutez la gousse dans la casserole, ainsi que la cannelle et le quatre-épices. Retirez du feu.

3 Disposez les coings dans un plat allant au four et mouillez-les de sirop. Couvrez d'aluminium et faites-les rôtir 2 heures au four, pour les rendre très tendres. Égouttez-les.

4 Beurrez les tranches de brioche. Découpez 2 tranches de brioche de façon à former, quand vous les assemblez, 1 disque assez large pour tapisser le fond d'un moule à charlotte de 2 litres. Réservez 4 tranches de brioche pour le sommet et coupez le reste en bandes de 2 cm de largeur, puis mettez-les en place contre les parois du moule (recoupez-les au besoin à la hauteur souhaitée) en les faisant se chevaucher légèrement.

5 Répartissez les coings dans le moule et fermez la charlotte avec les tranches de brioche réservées. Posez le moule sur une plaque de cuisson et faites cuire la charlotte au four pendant 25 à 30 minutes. Laissez-la refroidir 10 minutes avant de la démouler sur un plat de service. Servez avec de la crème anglaise.

PRATIQUE À la place de brioche, vous pouvez utiliser des tranches de pain de mie dont vous aurez ôté la croûte.

Gâteau de riz aux pruneaux

Pour 8 personnes

200 g de riz à grain moyen
1 litre de lait
1 feuille de laurier froissée
1 c. à c. d'extrait naturel de vanille
2 1/2 c. à c. de zeste d'orange finement râpé
4 œufs légèrement battus
170 g de sucre en poudre
200 g de ricotta fraîche
60 g d'amandes effilées
de la crème fouettée pour accompagner

Garniture aux pruneaux
200 g de pruneaux dénoyautés
115 g de sucre en poudre
125 ml de marsala doux

Faites cuire les pruneaux avec de l'eau,
le sucre et le marsala.

Répartissez les pruneaux égouttés
sur la première couche de riz.

1 Commencez par préparer la garniture. Mouillez les pruneaux avec 625 ml d'eau bouillante. Laissez gonfler 30 minutes. Versez le tout dans une casserole avec le sucre et le marsala, puis portez doucement à ébullition. Réduisez le feu et faites frémir 15 minutes, jusqu'à ce que les fruits soient tendres. Laissez refroidir dans le liquide, puis égouttez les pruneaux en réservant le liquide.

2 Mélangez dans une casserole le riz, le lait, le laurier et l'extrait de vanille. Faites chauffer jusqu'au frémissement, puis couvrez et continuez la cuisson à feu doux pendant 15 à 20 minutes, jusqu'à ce que le riz soit tendre et le lait presque absorbé. Laissez refroidir 20 minutes à couvert, puis retirez la feuille de laurier.

3 Préchauffez le four à 170 °C. Beurrez un moule à charnière rond de 18 cm de diamètre ; chemisez le fond de papier sulfurisé. Enveloppez le moule d'une feuille d'aluminium assez large pour le recouvrir entièrement par la suite.

4 Fouettez le zeste d'orange, les œufs, le sucre et la ricotta dans un saladier. Travaillez les ingrédients avec une cuillère en bois pour obtenir une pâte lisse que vous mélangerez ensuite avec le riz refroidi. Versez la moitié de cette préparation dans le moule et lissez sa surface. Couvrez avec les pruneaux égouttés, puis ajoutez le reste du mélange au riz. Garnissez d'amandes.

5 Placez le moule dans un grand plat allant au four, versez de l'eau bouillante jusqu'à mi-hauteur et faites cuire au bain-marie pendant 50 minutes. À mi-cuisson, rabattez le papier d'aluminium sur le gâteau si le dessus brunit trop vite.

6 Faites bouillir le liquide réservé des pruneaux dans une petite casserole, puis laissez frémir 15 minutes pour faire épaissir ce sirop ; il doit réduire d'un tiers. Attendez que le gâteau de riz soit tiède ou froid pour le démouler sur le plat de service. Nappez-le de sirop tiède et accompagnez de crème fouettée.

Fondants au chocolat

Pour 4 personnes

1 c. à s. de beurre doux fondu
115 g de sucre en poudre
+ 1 c. à s. pour les ramequins
150 g de chocolat noir haché
125 g de beurre
3 œufs
30 g de farine ménagère

1 Préchauffez le four à 180 °C. Beurrez 4 ramequins de 250 ml et saupoudrez-les légèrement de sucre.

2 Mettez le chocolat et le beurre dans un petit saladier allant au feu. Faites fondre au bain-marie, au-dessus d'une casserole d'eau frémissante, en veillant à ce que la base du saladier ne touche pas l'eau.

3 Fouettez les œufs et les 115 g de sucre jusqu'à ce que le mélange blanchisse. Tamisez la farine sur ce mélange, puis incorporez le chocolat fondu.

4 Répartissez cette pâte dans les ramequins et passez ces derniers au four pendant 30 à 35 minutes, jusqu'à ce que les gâteaux soient fermes au toucher. Laissez-les refroidir 10 minutes avant de les démouler sur les assiettes de service (pour les détacher, glissez un couteau contre la paroi des moules). Servez tiède avec de la crème glacée.

Poires pochées au sauternes et aux épices

Pour 6 personnes

250 ml de sauternes ou de vin moelleux
345 g de sucre en poudre
2 gousses de cardamome écrasées
2 clous de girofle
1 bâton de cannelle
1 étoile de badiane (anis étoilé)
1 c. à c. d'eau de rose
1 petit morceau de zeste de citron
6 petites poires pelées
125 ml de yaourt à la grecque
1 c. à s. de miel

1 Préchauffez le four à 180 °C.

2 Mélangez dans une casserole 750 ml d'eau, le sauternes, le sucre, la cardamome, les clous de girofle, la cannelle, la badiane, l'eau de rose et le zeste de citron. Remuez sur feu moyen pendant 4 à 5 minutes pour faire dissoudre le sucre, puis portez à ébullition. Laissez ensuite frémir pendant 8 minutes, jusqu'à ce que le sirop ait réduit de moitié.

3 Coupez les poires en deux, placez-les dans un plat allant au four et nappez-les de sirop. Couvrez d'une feuille d'aluminium et faites-les cuire 20 minutes au four. Retirez l'aluminium, humectez à nouveau les poires de sirop, puis faites-les cuire encore 20 minutes pour qu'elles soient très tendres.

4 Mélangez le yaourt et le miel dans un petit saladier. Servez les poires tièdes avec le yaourt au miel et le reste du sirop.

Cheese-cake aux fruits de la passion

Pour 6 à 8 personnes

60 g de farine ménagère
30 g de farine à levure incorporée
50 g de beurre doux
2 c. à s. de sucre en poudre
le zeste râpé de 1 citron
2 c. à s. de jus de citron

Garniture
60 g de fromage blanc en faisselle
bien égoutté
170 g de sucre en poudre
30 g de farine ordinaire
125 ml de jus de fruit de la passion
passé au chinois
4 œufs
170 ml de crème liquide

1 Mélangez les farines, le beurre, le sucre et le zeste de citron dans le bol d'un robot ménager. Ajoutez le jus de citron. Battez les ingrédients par impulsions brèves pour obtenir une pâte homogène. Couvrez d'un film alimentaire et réfrigérez pendant 1 heure.

2 Préchauffez le four à 180 °C. Beurrez un moule à charnière rond de diamètre de 22 cm.

3 Abaissez la pâte à une épaisseur de 5 mm, puis foncez-en le moule en tassant bien. Réfrigérez pendant 10 minutes. Faites ensuite cuire cette base 15 à 20 minutes au four, jusqu'à ce qu'elle soit dorée, puis laissez-la refroidir. Réduisez la température du four à 150 °C.

4 Pour la garniture, battez le fromage blanc et le sucre au mixeur électrique jusqu'à ce que le mélange soit lisse. Ajoutez la farine et le jus de fruit de la passion. Mélangez soigneusement. Incorporez enfin les œufs un à un, en battant bien après chaque addition, puis versez la crème. Quand la préparation est homogène, étalez-la sur le fond de pâte.

5 Faites cuire 1 heure au four, jusqu'à ce que le centre du cheese-cake soit juste ferme au toucher (placez le gâteau sur la grille inférieure du four pendant les 10 dernières minutes de cuisson et couvrez-le d'aluminium pour qu'il ne brûle pas). Laissez-le refroidir dans le moule avant de le servir en tranches.

PRATIQUE Il vous faudra 6 fruits de la passion frais pour obtenir 125 ml de jus.

Dômes aux prunes et à l'orange

Pour 8 dômes

185 g de beurre doux en dés
95 g de cassonade
115 g de sucre en poudre
3 œufs
1 c. à c. de zeste d'orange
finement râpé
310 g de farine à levure incorporée
tamisée
1 c. à c. de cardamome moulue
185 ml de lait
4 prunes au sirop égouttées, séchées
et coupées en deux
1 c. à s. de sucre de canne brut

1 Préchauffez le four à 180 °C. Beurrez 8 ramequins de 250 ml et farinez-les légèrement.

2 Travaillez en crème au fouet électrique le beurre, la cassonade et le sucre en poudre, jusqu'à ce que le mélange blanchisse. Ajoutez les œufs un à un, en battant bien après chaque addition, puis incorporez le zeste d'orange. Versez alors la farine et la cardamome en alternance avec le lait. Fouettez jusqu'à ce que le mélange soit lisse.

3 Répartissez cette pâte dans les ramequins et déposez 1/2 prune à la surface. Saupoudrez de sucre de canne et faites cuire 30 à 35 minutes au four, jusqu'à ce que les gâteaux soient dorés et fermes au toucher. Servez tiède ou à température ambiante.

Délice aux agrumes

Pour 4 à 6 personnes

60 g de beurre doux ramolli
170 g de sucre en poudre
3 œufs, jaunes et blancs séparés
125 ml de jus d'agrumes
(voir « Pratique »)
250 ml de lait
60 g de farine à levure incorporée
2 c. à s. de zeste d'agrumes finement
râpé

1 Préchauffez le four à 180 °C. Beurrez un plat allant au four de 1,25 litre.

2 Travaillez en crème le beurre et le sucre au fouet électrique, jusqu'à ce que le mélange blanchisse. Ajoutez les jaunes d'œufs un à un, en battant bien après chaque addition. Versez le jus d'agrumes, le lait, la farine et le zeste. Fouettez la préparation.

3 Montez les blancs d'œufs en neige ferme dans un saladier propre et sec, puis incorporez-les délicatement à la pâte. Versez la préparation dans le plat. Placez ce dernier dans un plat plus grand et versez de l'eau bouillante jusqu'à mi-hauteur du moule. Faites cuire 40 à 45 minutes au four (couvrez d'aluminium si la surface brunit trop rapidement). Servez chaud ou tiède avec de la crème glacée.

PRATIQUE Pour le jus d'agrumes, faites un mélange de jus d'orange, de citron et de citron vert. Utilisez le zeste des fruits pour parfumer ce dessert.

Pudding royal

Pour 6 personnes

500 ml de lait
50 g de beurre doux
140 g de chapelure fraîche
1 c. à s. de sucre en poudre
pour le pudding
le zeste finement râpé de 1 orange
5 œufs, jaunes et blancs séparés
210 g de marmelade d'oranges
1 c. à c. de miel
115 g de sucre en poudre pour
la meringue

1 Préchauffez le four à 180 °C. Beurrez légèrement un plat à four rectangulaire de 1,25 litre.

2 Mélangez le lait et le beurre dans une petite casserole et faites chauffer à feu doux. Quand le beurre est fondu, retirez la casserole du feu. Mettez la chapelure, la cuillerée de sucre et le zeste d'orange dans un grand saladier. Mouillez avec le lait, puis laissez reposer 10 minutes.

3 Fouettez les jaunes d'œufs, puis versez-les sur le mélange à la chapelure. Remuez. Étalez cette pâte dans le moule et faites-la cuire 25 à 30 minutes au four, jusqu'à ce qu'elle soit ferme au toucher.

4 Faites chauffer la marmelade et le miel dans une casserole à feu doux, puis nappez-en le pudding. Battez les blancs en neige ferme dans un saladier propre et sec. Ajoutez graduellement les 115 g de sucre, en fouettant bien jusqu'à ce que le mélange soit ferme et brillant. Répartissez la meringue sur le pudding et enfournez à nouveau 12 à 15 minutes. Servez tiède avec de la crème fouettée.

Soufflés à l'orange

Pour 6 soufflés

50 g de beurre doux fondu
110 g de sucre en poudre
250 g de fromage blanc en faisselle égoutté
3 œufs, jaunes et blancs séparés
2 c. à s. de farine ménagère
500 ml de lait
1 c. à s. de Grand-Marnier
le zeste finement râpé de 1 orange
du sucre glace pour décorer
3 oranges pelées et en quartiers pour servir

Utilisez un pinceau de cuisine
pour beurrer les ramequins.

Remplissez les ramequins aux deux tiers
du mélange au fromage blanc.

1 Préchauffez le four à 200 °C. Beurrez 6 ramequins et saupoudrez la moitié du sucre sur le fond et sur les côtés.

2 Mélangez le fromage blanc, le reste du sucre et les jaunes d'œufs dans un saladier. Fouettez jusqu'à ce que l'appareil soit très lisse, puis ajoutez la farine. Dans une casserole, faites chauffer le lait, le Grand-Marnier et le zeste d'orange jusqu'au point d'ébullition. Versez ce mélange sur le fromage blanc en remuant bien, puis transvasez le tout dans une casserole propre. Remuez à feu doux pendant 5 à 7 minutes, jusqu'à ce que la crème commence à épaissir (ne laissez surtout pas bouillir).

3 Montez les blancs en neige ferme dans un saladier propre et sec, puis incorporez-les délicatement à la crème tiède. Placez les ramequins sur une plaque de cuisson et remplissez-les aux deux tiers du mélange au fromage blanc. Faites cuire les soufflés 15 minutes, jusqu'à ce qu'ils soient bien gonflés et fermes au toucher. Saupoudrez de sucre glace et servez aussitôt avec les quartiers d'oranges.

PRATIQUE Le sucre permet au soufflé d'adhérer aux parois et de gonfler convenablement.

Clafoutis aux pruneaux et aux amandes

Pour 6 personnes

250 ml de crème liquide
100 ml de lait
1 c. à c. d'extrait naturel de vanille
3 œufs
80 g de sucre en poudre
80 g d'amandes en poudre
340 g de pruneaux dénoyautés
du sucre glace pour décorer
de la crème anglaise (p. 365)

1 Préchauffez le four à 180 °C. Beurrez légèrement un plat à four peu profond de 75 cl.

2 Versez la crème, le lait et l'extrait de vanille dans une casserole. Faites chauffer jusqu'au frémissement. Retirez aussitôt la casserole du feu et laissez tiédir.

3 Fouettez les œufs, le sucre et les amandes en poudre dans un saladier. Incorporez la crème à la vanille et mélangez de manière homogène. Répartissez les pruneaux dans le moule. Versez la pâte par-dessus et enfournez pendant 35 à 40 minutes, jusqu'à ce que la crème soit dorée. Saupoudrez de sucre glace, nappez de crème anglaise et servez tiède.

Gâteau de semoule aux abricots

Pour 8 à 10 personnes

1 litre de lait
310 g de sucre en poudre
1 bâtonnet de cannelle
1 c. à c. d'extrait naturel de vanille
125 g de semoule
50 g de beurre doux en dés
5 œufs, jaunes et blancs séparés
250 ml de jus d'orange
1 étoile de badiane (anis étoilé)
1 pincée de filaments de safran
200 g d'abricots secs

1 Préchauffez le four à 180 °C. Beurrez un plat allant au four d'une capacité de 2 litres.

2 Mélangez dans une grande casserole le lait, 230 g de sucre et le bâtonnet de cannelle. Faites dissoudre le sucre à feu moyen, sans laisser bouillir, puis versez en pluie la semoule. En remuant constamment, laissez frémir le mélange 8 à 10 minutes pour le faire épaissir. Retirez la casserole du feu et jetez la cannelle.

Incorporez le beurre et l'extrait de vanille. Prélevez la valeur de 130 g de semoule et mélangez-la avec les jaunes d'œufs dans un saladier. Remettez ensuite ce mélange dans la casserole et remuez bien.

3 Fouettez les blancs d'œufs en neige ferme dans un saladier propre et sec, puis incorporez-les en deux fois à la semoule. Versez la préparation dans le moule. Placez ce dernier dans un grand plat, versez de l'eau bouillante jusqu'à mi-hauteur et faites cuire le gâteau de semoule 55 à 60 minutes au four, jusqu'à ce qu'il soit ferme et doré.

4 Versez le jus d'orange, le reste du sucre, la badiane, le safran et 125 ml d'eau dans une casserole. Portez à ébullition, puis laissez frémir 10 minutes. Ajoutez les abricots et prolongez la cuisson à petit feu pendant 10 à 12 minutes. Quand les fruits sont tendres, jetez la badiane. Présentez le gâteau de semoule dans les assiettes et servez chaud ou tiède avec les abricots.

Gâteaux de riz au sirop d'érable

Pour 6 personnes

110 g de riz à grain rond
750 ml de lait
115 g de sucre en poudre
1 c. à c. d'extrait naturel de vanille
125 ml de crème fraîche
60 ml de sirop d'érable
115 g de cassonade

1 Préchauffez le four à 180 °C. Beurrez légèrement 6 moules à dariole de 125 ml.

2 Mélangez le riz, le lait, le sucre et l'extrait de vanille dans une grande casserole. Portez à ébullition, puis réduisez la flamme et laissez frémir pendant 25 à 30 minutes en remuant fréquemment, jusqu'à ce que le riz soit tendre. Incorporez la crème hors du feu, puis laissez reposer 10 minutes.

3 Répartissez le sirop d'érable et la cassonade dans les moules. Recouvrez de riz et enfournez pendant 30 minutes, jusqu'à ce que les gâteaux soient dorés. Laissez-les refroidir 15 minutes avant de les démouler sur les assiettes de service. Vous pouvez accompagner ce dessert de crème liquide.

Moelleux à la ricotta et au fromage blanc

Pour 6 à 8 personnes

250 g de fromage blanc en faisselle
égoutté
125 g de ricotta
115 g de sucre en poudre
125 ml de crème fraîche
1 c. à s. de miel chaud
1 c. à c. d'extrait naturel de vanille
5 œufs, jaunes et blancs séparés
30 g de raisins de Smyrne
35 g de pistaches grillées
et finement hachées
le zeste râpé et le jus de 1 citron

1 Préchauffez le four à 180 °C. Beurrez un plat allant au four d'une capacité de 2 litres.

2 Fouettez le fromage blanc, la ricotta et le sucre dans un grand saladier, jusqu'à ce que le mélange soit lisse. Ajoutez la crème, le miel et l'extrait de vanille en continuant de battre soigneusement. Incorporez ensuite les jaunes d'œufs un à un, puis les raisins secs, les pistaches, le zeste et le jus de citron.

3 Fouettez les blancs en neige ferme dans un saladier propre et sec, puis incorporez-les délicatement au mélange. Transvasez le tout dans le plat. Placez ce dernier dans un grand plat et versez de l'eau bouillante jusqu'à mi-hauteur. Couvrez d'une feuille de papier sulfurisé, puis d'une feuille d'aluminium bien serrée sur le bain-marie. Faites cuire au four pendant 50 à 55 minutes, jusqu'à ce que le gâteau soit gonflé et ferme. Servez avec des fruits rouges frais et de la crème.

Pêches rôties aux amandes

Pour 6 personnes

3 grosses pêches mûres mais fermes
40 g de chocolat noir haché
50 g d'amandes entières mondées,
grillées et hachées
2 1/2 c. à s. de pâte d'amandes hachée
1 1/2 c. à s. de beurre doux ramolli
1 jaune d'œuf légèrement battu

1 Préchauffez le four à 170 °C. Beurrez légèrement un plat allant au four.

2 Coupez les pêches en deux et retirez le noyau. Mélangez le reste des ingrédients dans un saladier.

3 Posez les pêches, peau en bas, dans le plat. Répartissez le mélange aux amandes sur les fruits, en le tassant bien. Enfournez 30 minutes, jusqu'à ce que les pêches soient tendres et que la garniture bouillonne légèrement. Servez tiède ou à température ambiante, avec de la crème fraîche ou de la crème anglaise.

Crèmes au chocolat

Pour 10 personnes

30 g de beurre doux fondu
170 g de sucre en poudre
300 ml de crème liquide
200 ml de lait
200 g de chocolat noir haché
le zeste râpé de 1 orange
6 œufs

1 Préchauffez le four à 160 °C. Beurrez 10 ramequins de 125 ml et saupoudrez leurs parois de sucre (vous utiliserez environ 50 g de sucre pour cette opération).

2 Mélangez la crème et le lait dans une casserole et laissez chauffer à feu doux jusqu'au point d'ébullition. Ajoutez le chocolat sans cesser de remuer, jusqu'à ce qu'il soit complètement fondu. Incorporez enfin le zeste d'orange.

3 Fouettez les œufs et le sucre restant pendant 5 minutes dans un grand saladier, jusqu'à ce que le mélange blanchisse. Incorporez-y une petite quantité de crème au chocolat avant de verser le tout dans la casserole, en fouettant sans cesse.

4 Répartissez la préparation dans les ramequins. Placez ces derniers dans un grand plat allant au four, versez de l'eau bouillante jusqu'à mi-hauteur et couvrez d'une feuille d'aluminium. Faites cuire au four pendant 30 à 35 minutes, jusqu'à ce que les crèmes aient pris. Retirez aussitôt les ramequins du bain-marie. Laissez les crèmes refroidir complètement à température ambiante. Au moment de servir, retournez-les sur les assiettes de service et accompagnez de framboises fraîches (facultatif).

Crumble de nectarines

Pour 4 personnes

3 c. à s. de sirop d'érable
1 c. à c. de zeste de citron vert râpé
4 nectarines coupées en deux
30 g de farine à levure incorporée
30 g de beurre doux coupé
en morceaux
2 c. à s. de sucre roux

1 Mélangez le sirop d'érable et le zeste de citron dans un bol et laissez infuser 15 minutes environ.

2 Préchauffez le four en position gril. Badigeonnez de sirop la face coupée des nectarines, puis mettez les fruits dans une poêle antiadhésive légèrement huilée. Faites-les dorer 1 minute de chaque côté.

3 Mélangez du bout des doigts le beurre et la farine pour obtenir une pâte grumeleuse. Ajoutez le sucre roux sans cesser de travailler grossièrement la pâte.

4 Mettez les nectarines sur la grille du four, face coupée vers le haut. Badigeonnez-les à nouveau d'un peu de sirop d'érable, puis saupoudrez-les de pâte à crumble (étape 3). Laissez-les griller 2 minutes au four. Répartissez-les dans des coupes à dessert et nappez-les avec le reste de sirop. Servez sans attendre.

Gâteau au chocolat et aux noix de macadamia

Pour 8 personnes

200 g de chocolat noir coupé
en morceaux
200 g de beurre doux coupé
en morceaux
165 g de sucre roux
4 œufs légèrement battus
50 g de noix de macadamia mixées
grossièrement

1 Préchauffez le four à 180 °C. Beurrez légèrement un moule rond peu profond ; tapissez le fond et les côtés de papier sulfurisé.

2 Mettez le chocolat, le beurre, le sucre et 80 ml d'eau dans une casserole. Faites fondre le mélange à feu doux avant d'ajouter les œufs battus, sans cesser de remuer. Incorporez enfin les noix de macadamia.

3 Versez la pâte dans le moule. Faites cuire le gâteau 1 h 20 au four, en le couvrant à mi-cuisson s'il brunit trop vite. Pour vérifier la cuisson, piquez le milieu du gâteau avec la pointe d'un couteau : elle doit ressortir propre. Laissez le gâteau reposer 10 minutes avant de le démouler sour une grille. Servez-le à température ambiante, découpé en parts très fines.

PRATIQUE Ce gâteau peut se servir aussi bien tiède que froid. Quand il est encore un peu chaud, le chocolat développe tout son arôme. Il est cependant plus facile à manger froid car la pâte est plus ferme. Servez-le avec des fruits rouges et de la crème fouettée. Il se garde 2 jours dans un récipient hermétique.

Brochettes de nectarines et de figues

Pour 4 personnes

8 nectarines coupées en deux
8 figues coupées en deux
125 g de yaourt battu
2 c. à s. de miel liquide
2 c. à s. de pistaches broyées
8 piques à brochettes

Sirop à l'eau de rose
280 g de sucre en poudre
2 c. à s. d'eau de rose
1 c. à s. de jus de citron

1 Pour le sirop, commencez par faire chauffer dans une casserole 250 ml d'eau et le sucre. Portez à ébullition en remuant, puis laissez frémir 10 minutes. Retirez la casserole du feu pour y ajouter le sirop de rose et le jus de citron. Mélangez.

2 Préparez les brochettes en enfilant sur des piques en bambou ou en métal une moitié de nectarine et une moitié de figue, puis une autre moitié de nectarine et une autre moitié de figue. Mettez les brochettes dans un grand plat et nappez-les de sirop. Retournez-les plusieurs fois puis mettez-les au frais 3 heures au moins.

3 Faites chauffer le four en position gril. Quand il est à la bonne température, posez les brochettes sur la grille (égouttez-les bien), au-dessus d'une plaque de cuisson, et faites-les rôtir 10 minutes au four en les retournant plusieurs fois. Nappez-les régulièrement de sirop pendant la cuisson. Disposez deux brochettes dans chaque assiette. Mélangez le yaourt, le miel et les pistaches. Nappez-en les brochettes et servez sans attendre.

Crèmes brûlées au citron

Pour 4 personnes

500 ml de crème fraîche
1 c. à c. de zeste de citron râpé
1/2 c. à c. d'extrait naturel de vanille
4 c. à s. de sucre en poudre
2 c. à s. de sucre roux
150 g de framboises fraîches

1 Mélangez dans une casserole la crème et le zeste de citron. Portez à ébullition puis ajoutez l'extrait de vanille. Fouettez vivement les jaunes d'œufs et le sucre en poudre dans un récipient. Tout le sucre doit être dissous. Sans cesser de battre, versez la crème fraîche sur les œufs pour obtenir un mélange homogène.

2 Mettez le récipient au-dessus d'une casserole d'eau frémissante et faites cuire la crème 10 minutes environ au bain-marie, sans cesser de mélanger, jusqu'à ce qu'elle épaississe et nappe la cuillère. Versez la crème dans des ramequins et laissez toute une nuit au réfrigérateur.

3 Le lendemain, préchauffez le gril du four. Saupoudrez le dessus des crèmes avec le sucre roux, mettez-les ramequins dans un grand plat, versez de l'eau jusqu'à mi-hauteur et faites-les dorer 2 minutes sous le gril du four pour que le sucre caramélise. Servez sans attendre avec des framboises fraîches.

Gâteau à la pâte d'amandes

Pour 6 personnes

100 g de pâte d'amandes
100 g de beurre ramolli
80 g de sucre en poudre + 2 c. à s. en supplément
1 c. à c. de zeste de citron finement râpé
1 c. à c. d'extrait naturel de vanille
4 œufs, blancs et jaunes séparés
60 g de farine
60 g de Maïzena
2 c. à s. de confiture d'abricots tiède
du sucre glace

Glaçage au chocolat
100 ml de crème fraîche
140 g de chocolat noir coupé en morceaux

Retirez les bords du gâteau,
coupez ce dernier en deux rectangles
puis nappez-le de confiture tiède.

Abaissez la pâte d'amandes
en une feuille fine sur le plan de travail
saupoudré de sucre glace.

1 Faites chauffer le four en position gril. Mettez dans un récipient 30 g de pâte d'amandes, le beurre et 80 g de sucre. Battez au fouet électrique pour obtenir un mélange homogène puis ajoutez le zeste de citron, l'extrait de vanille et les jaunes d'œufs. Incorporez enfin la farine et la Maïzena. Battez les blancs d'œufs en neige ferme en ajoutant progressivement les 2 cuillerées de sucre en supplément. Incorporez les blancs au mélange à la pâte d'amandes.

2 Dessinez un carré de 20 cm de côté sur une feuille de papier sulfurisé et étalez la pâte à l'intérieur de ce carré. Faites-la cuire sous le gril du four pendant 2 minutes pour qu'elle brunisse. Répétez l'opération plusieurs fois, jusqu'à ce qu'il ne reste plus de pâte.

3 Coupez les bords du gâteau puis détaillez ce dernier en deux rectangles. Nappez un rectangle de confiture d'abricots tiède et posez dessus le second rectangle. Étalez le reste de confiture sur le dessus et sur les côtés du gâteau.

4 Saupoudrez de sucre glace le plan de travail. Abaissez le reste de pâte d'amandes dessus pour obtenir une feuille très fine. Couvrez-en le dessus et les côtés du gâteau. Mettez ce dernier sur une grille en métal.

5 Pour le glaçage, faites chauffer la crème dans une casserole jusqu'au point d'ébullition. Ajoutez alors le chocolat et laissez le fondre à feu doux, en remuant sans cesse. Nappez-en le dessus et les côtés du gâteau en l'étalant à la spatule. Laissez raffermir 30 minutes (vous serez peut-être obligé de mettre le gâteau quelques minutes au frais pour obtenir un glaçage ferme). Servez le gâteau en tranches fines.

PRATIQUE Ce dessert peut se garder 2 jours au réfrigérateur, dans un récipient fermé. Il ne se congèle pas. Vous pouvez le décorer de fruits frais pour le servir.

Crumble express aux myrtilles

Pour 6 personnes

300 g de myrtilles fraîches
1 gousse de vanille
250 ml de crème anglaise (p. 365)
4 c. à s. de crème fraîche épaisse
2 c. à s. de sucre glace
2 c. à c. de zeste d'orange
finement râpé
150 g de petits-beurre
du sucre en poudre pour dorer
le crumble

1 Répartissez les myrtilles dans six ramequins. Fendez en deux la gousse de vanille et grattez les graines pour les mettre dans un récipient (réservez la gousse pour un autre emploi). Ajoutez dans le récipient la crème anglaise, la crème fraîche, le sucre glace et le zeste d'orange. Mélangez bien. Versez le tout sur les myrtilles.

2 Broyez les biscuits en une fine chapelure et saupoudrez-en la crème anglaise. Mettez les ramequins au frais pendant 1 heure.

3 Préchauffez le gril du four. Saupoudrez généreusement les ramequins de sucre en poudre et passez-les 5 minutes sous le gril pour que le dessus soit bien doré. Servez sans attendre.

Les sauces sucrées

Crèmes liquides

Œufs, sucre et lait : telles sont les bases de ces crèmes aussi lisses que de la soie. Elles accompagnent les desserts au four, mais aussi les tartes tièdes et les tourtes aux fruits.

Crème anglaise

Faites blanchir 4 jaunes d'œufs et 115 g de sucre en poudre dans un saladier. Versez 200 ml de lait et 200 ml de crème liquide dans une casserole. Fendez en deux 1 gousse de vanille, grattez-en les graines et ajoutez le tout à la casserole (vous pouvez substituer à la gousse 1 cuillerée à café d'extrait naturel de vanille). Portez doucement à ébullition. Passez le lait au chinois sur les œufs, en mélangeant continuellement. Jetez la gousse de vanille. Transvasez l'appareil dans une casserole propre, puis faites cuire sur feu moyen à doux, en remuant sans cesse à la cuillère en bois, jusqu'à ce que la crème forme le ruban. Ne laissez pas bouillir, sans quoi elle risque de se séparer. Servez la crème anglaise chaude, tiède ou frappée. Dans ce dernier cas, placez un film alimentaire directement sur sa surface pour empêcher la formation d'une peau, avant de réfrigérer pendant 2 heures. Servez en accompagnement d'une tatin aux poires, d'une croustade aux pommes et aux cerises ou d'une charlotte aux coings. Pour 500 ml de crème environ.

Crème à l'orange

Confectionnez 1 part de crème anglaise avec 170 g de sucre en poudre. Ajoutez 1 cuillerée à soupe de zeste d'orange finement râpé dans le lait. Passez l'appareil au chinois sur les œufs, puis continuez à faire cuire comme dans la recette ci-dessus. Versez ensuite 80 ml de liqueur parfumée à l'orange dans la crème rafraîchie. Servez avec des pavés gourmands à la rhubarbe ou un clafoutis aux pruneaux. Pour 600 ml de crème environ.

Crème au café

Confectionnez 1 part de crème anglaise comme ci-dessus. Ajoutez-y 25 g de café soluble avant de la passer au chinois. Versez 2 1/2 cuillerées à café de liqueur au café dans la crème refroidie. Servez avec un dessert au chocolat de votre choix (crème ou gâteau). Pour 500 ml de crème environ.

Sauces crémeuses

Vous servirez ces sauces crémeuses, riches et parfumées de framboises, de miel ou de caramel, avec des gâteaux et des desserts au four, ou vous en déposerez une cuillerée sur un bol de fruits pochés ou frais.

Crème au cassis et aux framboises

Battez 250 ml de crème fleurette dans un saladier jusqu'à formation de pics. Mélangez dans une casserole 125 g de framboises fraîches, 1 cuillerée à soupe de sucre en poudre et 2 cuillerées à soupe de crème de cassis. Couvrez et faites chauffer à feu doux pendant 2 minutes, jusqu'à ce que les fruits commencent à ramollir. Retirez de la flamme et laissez refroidir. Incorporez ce mélange à la crème fouettée et servez immédiatement, par exemple avec des tartelettes aux pêches ou des génoises aux fruits rouges. Pour 500 ml de crème environ.

Crème au miel et à l'eau de rose

Fouettez dans un saladier 250 ml de crème fleurette avec 1 cuillerée à soupe de miel et 3 cuillerées à café d'eau de rose, jusqu'à formation de pics. Servez immédiatement, décoré de quelques pétales de roses, par exemple avec des cakes aux pistaches, une baklava à la noix de coco ou un gâteau de semoule aux abricots. Pour 400 ml de crème environ.

Crème au caramel et au café

Mélangez dans un saladier 250 ml de crème fleurette, 80 g de cassonade et 2 cuillerées à soupe de liqueur de café ou de café fort. Fouettez jusqu'à ce que des pics se forment. Servez avec des gâteaux au chocolat. Pour 250 ml de crème environ.

Sauces chocolatées

Riches, tentantes, irrésistibles, vous nappez ces sauces sur des fruits au four, des gâteaux, des desserts ou des crèmes glacées. C'est le chocolat qui tient ici la vedette : choisissez-le toujours de bonne qualité.

Sauce au chocolat noir

Placez dans un petit saladier allant au feu 110 g de chocolat noir haché avec 60 g de beurre doux en dés. Faites chauffer le mélange au bain-marie, sur une casserole d'eau frémissante, en remuant fréquemment jusqu'à ce que le chocolat et le beurre soient fondus. Retirez de la flamme et continuez de remuer de temps à autre jusqu'à ce que la sauce soit luisante. Servez tiède (la sauce continuera d'épaissir au fur et à mesure de son refroidissement). Servez avec des brioches au gingembre ou une tourte au chocolat blanc. Pour 170 ml de sauce environ.

Sauce à la ganache

Versez dans une casserole 150 g de chocolat noir haché, 30 g de beurre doux, 2 cuillerées à soupe de sirop de glucose doré et 150 ml de crème liquide. Faites chauffer doucement jusqu'à ce que le mélange soit lisse. Continuez de faire chauffer, en remuant, jusqu'à atteindre presque le point d'ébullition, puis retirez de la flamme et laissez refroidir légèrement. Servez tiède, avec un gâteau au chocolat ou en nappage sur une crème glacée. Pour 300 ml de sauce environ.

Sauce au chocolat au lait et aux noisettes

Placez 100 g de chocolat au lait haché avec 60 ml de crème fraîche dans un petit saladier allant au feu. Posez ce dernier sur une casserole d'eau frémissante et remuez jusqu'à ce que le mélange soit lisse. Veillez à ce que la base du saladier ne touche pas l'eau. Retirez de la flamme, versez-y 2 cuillerées à soupe de Frangelico (liqueur de noisette) et continuez de remuer de temps en temps jusqu'à ce que la sauce refroidisse. Servez tiède avec un sablé aux figues. Pour 185 ml de sauce environ.

Sauces fruitées

Vous confectionnerez ces sauces fraîches aux vives couleurs avec presque tous fruits disponibles en saison. Parfumez-en vos crèmes glacées et vos yaourts, ou servez-les avec des génoises et des gâteaux au chocolat.

Sauce à la mangue et aux agrumes

Mélangez dans le bol d'un robot 30 g de chair de mangue hachée (l'équivalent de 1 mangue de taille moyenne), 80 ml de jus d'orange fraîchement pressée et le jus de 1/2 citron. Mixez jusqu'à ce que le mélange soit lisse. Sucrez à votre goût. Servez avec une génoise aux framboises et à la crème ou un gâteau de ricotta. Pour 350 ml de sauce environ.

Sauce aux myrtilles

Mélangez dans une casserole 300 g de myrtilles fraîches ou congelées, 55 g de sucre en poudre, 1 bâtonnet de cannelle, 2 lanières de zeste d'orange, 1 lanière de zeste de citron, 1 cuillerée à café de jus de citron et 2 cuillerées à soupe d'eau. Couvrez et laissez chauffer à feu doux pendant 2 à 3 minutes, en remuant sans cesse pour faire dissoudre le sucre. Laissez alors frémir 5 minutes pour former un sirop épais. Retirez la cannelle et les zestes. Laissez refroidir un peu avant de servir avec un gâteau de semoule aux myrtilles ou des cheese-cakes à la crème et à la vanille. Pour 250 ml de sauce environ.

Sauce aux fruits de la passion

Mélangez dans une casserole 60 g de sucre de palme râpé (ou de cassonade) et 150 ml d'eau. Faites chauffer 5 minutes à feu doux. Quand le sucre est dissous, ajoutez 170 ml de pulpe de fruits de la passion (soit 8 gros fruits à peu près) et laissez frémir 10 à 15 minutes, jusqu'à ce que la sauce ait réduit et légèrement épaissi. Passez le mélange dans un tamis fin en pressant bien pour récupérer la pulpe. Servez avec un cheese-cake aux fruits de la passion. Pour 125 ml de sauce environ.

Sauces alcoolisées

Parfumez vos desserts et vos gâteaux de ces sauces réservées aux adultes. Servez-les tièdes ou à température ambiante.

Sauce au rhum et aux raisins

Mélangez 3 cuillerées à soupe de raisins secs hachés et 80 ml de rhum dans un saladier. Couvrez et laissez gonfler 2 heures. Versez 230 g de sucre en poudre et 125 ml d'eau dans une petite casserole. Faites chauffer en remuant pour faire dissoudre le sucre, puis laissez frémir 12 à 13 minutes sans remuer, pour obtenir un caramel sombre. Retirez aussitôt la casserole du feu pour y ajouter les raisins avec leur rhum, ainsi que 125 ml de crème fraîche (prenez garde aux éclaboussures). Agitez la casserole pour mélanger les ingrédients, en remuant un peu si nécessaire, puis laissez tiédir. Ajoutez 1 cuillerée à café d'extrait naturel de vanille. Servez la sauce tiède avec des poires en chemise. Pour 350 ml de sauce, à peu près.

Sauce au cognac et aux pommes

Mélangez dans une casserole 650 g de pommes vertes pelées, épépinées et hachées (la valeur de 3 pommes), 55 g de sucre en poudre et 125 ml de jus de pomme. Couvrez et laissez frémir sur feu moyen pendant 10 minutes, jusqu'à ce que les fruits soient très tendres. Ajoutez 1 cuillerée à soupe de beurre doux ramolli, 1 pincée de clous de girofle moulus et 60 ml de cognac. Réduisez ensuite le mélange en purée lisse. Servez tiède ou à température ambiante, avec un gâteau de riz à l'orange et aux pruneaux. Pour 600 ml de sauce environ.

Sauce au whisky

Mélangez dans une petite casserole 210 g de marmelade d'oranges douces, 2 cuillerées à soupe de jus de citron et 1/2 cuillerée à café de cannelle moulue. Laissez frémir 5 minutes à couvert, en remuant fréquemment, jusqu'à ce que le mélange soit lisse. Retirez du feu et versez 80 ml de whisky. Servez tiède, avec des soufflés à l'orange ou des desserts aux épices et aux fruits. Pour 250 ml de sauce environ.

Glossaire

Amande

Fruit de l'amandier ; la graine blanche et tendre est recouverte d'une pellicule brune enfermée dans une coque dure.

Mondée Amande débarrassée de sa pellicule brune.

Essence À base d'huile d'amandes additionnée d'alcool ou d'un autre agent ; elle peut être remplacée par de l'extrait.

Poudre Présente la consistance d'une farine grossière ; à utiliser en remplacement de la farine ou comme agent épaississant.

Effilée Amande coupée en fines lamelles dans la longueur.

Cacao

Poudre de cacao non sucrée obtenue à partir de fèves de cacaoyer torréfiées puis moulues.

Cannelle

Écorce séchée des tiges du cannelier. Se présente en bâtonnets ou en poudre.

Cardamome

Originaire de l'Inde, cette épice est vendue en gousses, en graines ou moulue. Elle est très parfumée, avec une note poivrée, et appartient à la famille du gingembre.

Clou de girofle

Bouton à fleur, séché, du giroflier. Il s'utilise entier ou en poudre, avec parcimonie ; son parfum et sa saveur épicés sont très caractéristiques.

Crème aigre

Crème au goût légèrement acide, contenant au moins 50 % de matières grasses.

Crème de tartre

L'ingrédient acide (acide tartrique) de la levure chimique.

Écorces confites

Écorces d'agrumes confites dans le sucre.

Flocons d'avoine

Grains décortiqués, cuits à la vapeur, roulés en flocons plats et séchés. Généralement consommés au petit-déjeuner.

Fruits confits

Fruits (abricots, cerises, pêches, poires, figues, mandarines, etc.) trempés dans un sirop de sucre concentré, puis égouttés, glacés ou cristallisés.

Gélatine

Substance sans saveur utilisée comme épaississant. On la trouve en feuilles ou en poudre.

Gingembre

Moulu, on l'utilise pour parfumer les gâteaux, les tourtes et les puddings. Il ne remplace pas le gingembre frais.

Graine d'anis

Fruit d'une plante annuelle originaire de Grèce et d'Égypte. Elle parfume agréablement les biscuits, les pains et les gâteaux.

Graine de sésame

Petite graine ovale parfumée. Les variétés noires et blanches sont les plus courantes.

Graine de pavot

Minuscule graine noir bleuté croustillante, au parfum puissant. Les graines de pavot sont vendues entières ou moulues.

Lemon-curd

Préparation à base de jus de citron, de sucre, de beurre et de jaunes d'œufs, vendue toute prête.

Levure chimique

Agent levant composé d'un tiers de bicarbonate de sodium et de deux tiers de crème de tartre. L'association d'un composé alcalin et d'un composé acide, mouillée et chauffée, produit du gaz carbonique qui aère et allège la pâte pendant la cuisson.

Levure biologique

Un sachet de 7 g de levure déshydratée vaut 15 g de levure pressée, si vous remplacez l'une par l'autre.

Marmelade

Purée de fruits (généralement des agrumes) cuits avec du sucre.

Marsala

Vin liquoreux.

Mascarpone

Fromage frais et lisse à base de crème, doux et légèrement acide, sa teneur en matière grasse est de 75%.

Mélasse raffinée

Substance obtenue à la fin du processus de raffinage du sucre de canne. Elle peut être remplacée par du sirop d'érable ou du miel.

Noix de coco

Séchée, elle est finement râpée ou détaillée en copeaux minces.

Noix de macadamia

Noix à consistance grasse originaire d'Australie. À conserver au réfrigérateur en raison de sa teneur en huile.

Pignons de pin

Petites graines beiges provenant de la pomme de pin.

Pistache

Graine vert pâle entourée d'une coquille blanc cassé. Pour monder des pistaches, plongez-les dans l'eau bouillante, égouttez-les, séchez-les puis frottez-les les unes contre les autres dans un torchon.

Polenta

Farine à base de maïs séché ; elle existe en plusieurs tailles de grains.

Quatre-épices

Mélange d'épices grillées et moulues, contenant en proportions variables de la cannelle, de la noix de muscade, de l'anis et des clous de girofle.

Raisins

De Corinthe Petits grains de raisin secs, presque noirs, d'une variété de vigne originaire de Corinthe en Grèce.

De Smyrne Petits grains de raisin secs, blonds, sans pépins.

Rhum brun

Moins alcoolisé que le rhum blanc, d'une saveur plus subtile.

Ricotta

Fromage frais et doux à faible teneur en matières grasses (8,5 %) et à consistance légèrement granuleuse.

Semoule

Blé dur moulu très fin ; elle est très présente dans les desserts indiens.

Sirop d'érable

Sirop confectionné avec la sève d'une variété spécifique d'érable. Il ne faut pas le confondre avec le sirop « au goût d'érable », une mélasse obtenue après raffinage du sucre de canne.

Son

Enveloppe extérieure d'une graine de céréale, blé, riz ou avoine.

Sucre

Cassonade Sucre brut cristallisé de couleur brune, au léger goût de rhum.

Cristallisé Composé de cristaux plus gros que le sucre en poudre.

En poudre Appelé aussi sucre semoule, c'est le plus fin et celui qui se dissout le mieux.

Glace Sucre cristallisé broyé en poudre très fine, puis tamisé et additionné de 3 % d'amidon.

Roux Sucre finement granulé dans lequel subsiste de la mélasse qui lui confère sa couleur et sa saveur particulières.

Vanille

Gousse Fruit long et mince d'une orchidée cultivée en Amérique du Sud et en Amérique centrale. Elle contient de minuscules graines noires qui confèrent une saveur incomparable aux pâtisseries et aux desserts.

Extrait Obtenu par macération des gousses dans l'alcool.

Table des recettes

Les pains et les muffins

Les gâteaux

Les biscuits

Les barres et les carrés

Traduction : Gilles Mourier
Adaptation : Elisabeth Boyer
Relecture : Jean-Pierre Leblan
Mise en pages : Les PAOistes

Marabout
43, quai de Grenelle - 75905 Paris Cedex 15

Publié pour la première fois en Australie
sous le titre *Bake It*

Dépôt légal n° 68551 / avril 2006
ISBN : 2501-1046-61-7
NUART : 40 9604/01

Imprimé en Espagne par Graphicas Estella